汉语趣说丛书

丛书主编 邵敬敏

# 汉语词汇趣说

周 荐◎著

暨南大学出版社
JINAN UNIVERSITY PRESS

中国·广州

**图书在版编目（CIP）数据**

汉语词汇趣说/周荐著．—广州：暨南大学出版社，2011.9
（汉语趣说丛书）
ISBN 978-7-81135-961-9

Ⅰ.①汉…　Ⅱ.①周…　Ⅲ.①汉语—词汇　Ⅳ.①H13

中国版本图书馆 CIP 数据核字（2011）第 171669 号

出版发行：暨南大学出版社

地　址：中国广州暨南大学
电　话：总编室（8620）85221601
营销部（8620）85225284　85228291　85228292（邮购）
传　真：（8620）85221583（办公室）　85223774（营销部）
邮　编：510630
网　址：http：//www.jnupress.com　http：//press.jnu.edu.cn

排　版：广州市天河星辰文化发展部照排中心
印　刷：佛山市浩文彩色印刷有限公司

开　本：890mm×1240mm　1/32
印　张：6.5
字　数：139 千
版　次：2011 年 9 月第 1 版
印　次：2011 年 9 月第 1 次

定　价：20.00 元

# 总　序

## 追求的目标——有趣、有用

汉语语言学，对大多数人来说，既可敬又可畏，有点儿像一本正经板着个脸儿动不动就训斥、指责学生的冬烘老先生。这个形象由来已久，甚至是“刻骨铭心”。我们现在就是要彻底改变大家对语言学的不良印象，对汉语语言学进行重新“包装”，不仅是为了符合潮流，适应时代的需求，也是真心诚意地希望能助大家一臂之力，让语言学成为汉语学习者和使用者的知心朋友、得力助手和贴心秘书。

前些年，“淡化语法”这个错误的口号在中小学界甚嚣尘上，流毒无穷。什么叫做“淡化语法”？其实质就是取消语法。“淡化”了语法又是为了“强化”什么呢？天知道！淡化语法的后果，不仅淡化了语法本身，而且淡化了整个汉语教学。当然，从另外一角度讲，我们也要反省一下：为什么偏偏要拿语法开刀？为什么一刀砍下去，语法乃至于整个汉语语言教学就没了？为什么我们的汉语教学就那么弱不禁风，那么不受欢迎？我们必须彻底检查自己：目前的汉语研究（包括语法研究）是不是没有充分考虑到学生的实际需要？是不是没有照顾到语文教学的特殊规律？我们的有关研究和教学是不是真的需要脱胎换骨、改弦更张？

我在大学教了几十年的“现代汉语”，但是，如何使学生，尤其是广大具有中等文化程度的普通百姓（包括大中学生）对我们的母语——现代汉语真正发生兴趣，感到有用，这一直是萦绕在我心头的一件沉甸甸的大事。一方面，社会上，特别是大中学生，语言理解、语言分析和语言运用的能力远远不能尽如人意；另一方面，我们的语言教育，包括语法教育，又总是板着面孔在讲那些深奥的大道理，使人感到可敬而不可亲，可畏而又不可得。

其实，我们天天说话，天天使用汉语，离开了语言，我们的社会生活就会戛然而止。可以说，语言的世界是充满活力的，丰富多彩、变化无穷、趣味盎然的语言现象，我们几乎天天接触，处处碰到。问题就在于，我们如何去发现它、分析它、理解它。

为此，我们策划编撰了这套“汉语趣说丛书”，包括《汉语语法趣说》（暨南大学邵敬敏）、《汉语词汇趣说》（澳门理工学院周荐）、《汉语语音趣说》（华东师范大学毛世桢）、《古今汉字趣说》（语言文字应用研究所费锦昌、华东师范大学徐莉莉）、《汉语语用趣说》（华东师范大学徐默凡、复旦大学刘大为）。这几位撰写者在各自的研究领域里都是卓有成就的专家，他们欣然答应参与撰稿，充分说明了他们对汉语普及和应用工作的高度重视。

本套丛书的编撰目的非常清楚，就是要让汉语知识、运用汉语的规律，以及学习汉语的方法，成为大家熟悉的、喜欢的东西。这套丛书的读者群定位为：具有中等文化程度的朋友，主要是年轻人（包括大中学生），所以，我们在“有趣”与“有用”这两方面就格外地下了点工夫。具体做法是：

第一，一切从具体的语言事实出发，而不是从抽象的概念出发。因此，几乎每个章节都努力挖掘出一些生动形象的语言趣事，或从令人深思的歧义结构入手，或从与汉语密切相关的文学典故入手，进而引导出某些汉语运用的规律来，以充分体现“趣味性”。

第二，运用比喻、比拟等表达手段，尽量把一些难以理解的重要概念、主要特点、基本规律等说得清楚、准确、生动，尽可能地“深入浅出”。在语言风格上，也力求朴实、简洁、清新、流畅，以体现“可读性”。

第三，强调“推陈出新”，尽可能地把新时期以来有关现代汉语研究的最新成果吸收进来，特别是要引入语义分析、功能应用、认知解释等比较成熟的新见解，适当关注语言的动态变化，淘汰了一些相对陈旧的观点和说法，以充分凸显“时代性”。

第四，特别注重语言分析的方法，主要是通过比较的方法，显示各种语言现象的异同。“授之以鱼，不如授之以渔”，知识是必要的前提，而方法则是学习的关键，掌握了方法，就可以举一反三、触类旁通。我们特别重视方法论，以强调贯穿全书的“应用性”。

本丛书虽然定位为“普及性”“应用型”的读物，但是，我们绝对不会敷衍塞责。我们所依据的基本理论、方法和观点，都属于当前中国汉语学界的主流思想，如果大家有兴趣，需要进一步深入了解，欢迎参阅本人主编的国家级“十一五”规划教材《现代汉语通论》（上海教育出版社）。

本丛书所提到的观点、规律以及所列举的语言事实，除了作者自己的研究心得，也参考了不少前辈学者和同仁的成果，不能一一注明，在此一并感谢。

21 世纪，汉语正在大踏步地走向世界，世界也从来没有像今天这样高度重视过汉语。我们理所当然要为汉语的国际传播作出自己微薄的贡献。我们希望，这套丛书能对求知欲望很强的年轻人，对外国留学生在提高汉语的理解、分析与运用水平方面会有所帮助，而且特别期望青年朋友能真诚地喜欢它，并希望它能成为大家的贴心朋友，也希望这套丛书能对汉语走向世界起到添砖加瓦的作用。

邵敬敏

2011 年 5 月 1 日

# 目　录

# 第一章

## 语言是大海，词汇是海洋中鲜活的生命

## 导　论

# 一 万山拜其下，孤云卧此中
## ——从小孩学话到词汇的重要性

婴孩最初牙牙学语，所学的是单字和单词（如汉族婴孩嘴里发出的“妈”“爸爸”），而不是语法。直到孩童所掌握的词汇量达到了一定的程度，他（她）需要用这为数众多的词语组织成句子表达自己的意思时（如“妈妈来”“宝宝要”），语法才派上用场。学习一门外语，首先接触到的也是该语言的词汇。譬如先学了一个英文词 good，明白它的意思跟汉语的“好”大致相当，又学了一个 morning，明白它的意思跟汉语的“早上”大体一样。这学的就是词汇。只有当词汇丰富起来了，我们才能用它们组织成句子，如 good morning，才能探究为什么表达类似汉语“早上好”的意思时要说成 good morning，而不能说成 morning good。不妨作一假设，如果这个世界上从未有过词汇，那么语法大概也就不会产生；如果一种语言的词汇消亡了，语法的意义和作用便顿然丧失，即使该语法的条条框框可以从语法书中了解到，但那失去生命的条条框框已无从唤起人们的任何反应。

若问构成语言的几大要素哪个最重要，似乎不太好回答。语法说，它是语言中最重要的因素，因为没有语法，词汇就仿佛一盘散沙，无从结构和组织。语音说，它才是语言中的重要因素，因为没有语音，词汇所表达的内容就无法为人所感知。词汇说，它才是语言中最为重要的因素，因为它是语法赖以存在的实体，没有词汇，语法就成了干巴巴的规则，失去了存在的任何意义；语音不与词汇的意义挂钩，它本身也就失去了语言的意义。这听起来有点儿像马季的相声《五官争功》，但这却是必须回答的问题。

五官争功，争了半天，实际上大家彼此关系密切，谁也离不开谁。词汇既然与语法、语音并称为语言的三大要素，其重要性是不言而喻的；不仅如此，它与语义、文字乃至文化的关系也是非常密切的。

### （一）语法因素

词内字（语素）间的组合关系与句法关系十分复杂，有时对应得上，呈现出一致性，有时对应不上，表现得并不一致。复合词中的一些单位，其构成成分间的组合关系很难说与句法毫不相干。例如，“V + N”双字词多是述宾结构的，但也有相当的部分是偏正结构的。偏正式的“V + N”双字词的构成须有一定的条件，比如 V 大多由非自主动词性成分充当，所构成的双字词就是偏正结构的。像“病”是非自主动词性成分，由“病”结合一个名词性的成分所构成的双字词，无一例外都为名词，例如：

病案 病程 病床 病毒 病房 病夫 病根 病号
病候 病家 病假 病句 病菌 病况 病理 病历
病例 病魔 病情 病区 病人 病容 病史 病势
病榻 病态 病体 病象 病因 病友 病员 病原
病源 病院 病灶 病征 病症 病株 病状 病包儿

### （二）语音因素

语音是语言的物质外壳。细究起来，语音并非整个语言的物质外壳，而只是语言的某个构成要素的某一成员的物质外壳。语言中，能够以语音为外壳，以语义为内瓤的，就是字、词、句这些语法单位。因此，语音与词汇的关系，比起其他成分与词汇的关系尤为密切。语音因素对于双字词的创造有很大影响。学者们倾向一致的看法是，中古汉语之后汉语词汇的最大变化之一就是由单字词发展为双字词，这其中，语音的作用绝不可低估。语音因素对于双字词的影响暂且不谈，对大于词的单位的创造亦有不小的影响。如成语“蝇营狗苟”的构成，其实是语音起到了重要的作用，即利用“蝇”与“营”、“狗”与“苟”的谐音关系造出这样一个成语。

**（三）语义因素**

每一个词语必在一定的语义基础上构造而来，必由有意义的成分构成或将本无意义的成分移来表达一定的意义。构成词语的成分本身的语义自不必说，成分上隐含的语义信息也能表明词汇与语义的密切关系。例如“失”这个字条，《现代汉语词典》有七个义项：

失 shī ❶动失掉；丢掉（跟“得”相对）：遗～｜丧～｜～血｜坐～良机｜不要～了信心。❷没有把握住：～手｜～足｜～于检点｜百无一～。❸找不着：迷～方向｜～群之雁。❹没有达到目的：～望｜～意。❺改变（常态）：～声｜～色｜～神。❻违背；背弃：～信｜～约。❼错误；过失：～误｜唯恐有～。

虽然词典的分类很细致，但上述诸义项中都隐含着的一个重要语义信息却未被词典挑明注出：不该失去而失去。正因为有此一语义信息，“失血”才不同于“流血、出血”，“失火”才有别于“着火”；也正因此，“失身”才是在迫不得已的情况下发生的，“失和、失脚、失足、失传、失察、失节”等词语才会透露出令人扼腕叹息的语义信息。

**（四）文字因素**

众所周知，文字并非语言的要素，它只是记录语言某类要素的要素。尽管如此，文字对词汇的影响也不容小觑。举一个简单的例子，联绵词中有相当的一部分用以构成的文字符号存在着一定程度的相似性——部首相同，如“唢呐、苜蓿、橄榄、琵琶”。而这样靠同样部首的字结构成的联绵词，历史上却未必有着相同的部首，例如“玻璃”曾经有过很多种不同的写法。这或可说明，文字的因素在词最初的构成、词形最初的确立、词形的固化发展中曾起到不容忽视的重要作用。

**（五）文化因素**

词汇兴替中有词汇类型的转变，而词汇类型的转变却非词语个例的变迁，它涉及整个词汇架构的调整和词汇关系的重组。汉语史上的一个事实是，词汇由中古向近代的变化中，经历了一个由雅趋俗的过程。这种由雅趋俗的变化主要表现在三字格词汇单位和歇后语的大量产生上。

事实上，早在先秦时代就已有大量的三字词产生，例如“百官府、兵革使、朝大夫、饬材事”。但先秦的三字词多为专有名词，到秦汉三字词才一方面在专有名词的量上得到较大的扩充（如“始皇帝、太上皇”），一方面突破了专有名词的樊篱，产生了不少普通词语（如“图宅术、魍魉鬼”）。魏晋以后，三字词汇单位更成规模地涌现。三字词汇中常被人称作“惯用语”的单位大约在唐代或之前即已出现，唐代李义山《杂纂》裒辑的异引同注的歇后语中有用作注释语的三字单位，如“爱便宜、奴婢相”；宋代无名氏《释常谈》所收的三字单位，如“登徒子、上巳日”，即是其例。到了明清，学者们纂辑的俗语类的工具书中更收入了大量如“穿小鞋”类的三字单位，如清代翟灏《通俗编》所收的5 558条词语中就有“守钱虏、传衣钵”这样的三字单位696条。明清两代三字词汇单位不但数量上呈迅猛增长之势，而且绝大多数是俚俗的成分，典雅的成分极为罕见。清代易本烺纂辑的《常谭搜》首次将词汇分为雅、俗两类。三字格从新中国成立后至“文革”期间大量滋生，如“逍遥派、捞世界”，也表明文化的俗化发展倾向。改革开放后，音步平稳的四字格（如“虚拟空间、和谐社会、三个代表、八荣八耻”）又大量滋生。唐代郑綮的“郑五歇后体”，也成为这种俗而不雅的词汇单位的滥觞。

## 二 庞大的家族，众多的人口

### ——词汇单位的范围

就像一个成年男性娶妻生子，之后子又有子，子再有孙，逐渐形成一个庞大的家族一样，语言的词汇也是先有字（或词根），之后通过字与字的组合，不断衍生出新的词汇单位，从而形成该种语言的词汇。

汉语词汇在历史上曾经有过一个以单字为主的阶段，但现代汉语中除由单字构成的词汇单位外，更多的是由复字构成的词汇单位。复字词汇单位中首先要提到的是词，尤其是合成词。合成词，它们或者是由在语法上被称作粘着语素的字相互组合成的单位，又或者是由被称为自由语素的字与被称为粘着语素的字组合成的单位，或者是由被称作自由语素的字相互组合成的单位。粘着、自由，都是从其与另一字的结合关系的角度着眼的，如果从其自身的性质上着眼，粘着字、自由字都具有同样的性质：绝大多数是有义字，少数是无义字或弃义字。比如“蝌蚪”的“蝌”要依附于“蚪”而存在，“蚪”要依附于“蝌”而存在，“蝌”和“蚪”都是粘着字；但是“的士”的“的”却有相当大的自由度，它不但可与“摩、板、哥、姐”另组“摩的、板的、的哥、的姐”等词语，还可在“从东城打一个的到这里才几块钱”的组合里独用。① 因此可以得出这样一个结论性的认识：粘着字其实未必就是无义字或弃义字，有的也是有义字；自由字其实不一定就是有义字，有的也是无义字或弃义字。

从字与字结构而成的单位看，语言中有为数不少的由有义汉字与无义汉字或弃义汉字组合成的单位（如“狼狈、网

① 当然，“的士”当初若由北方人用“迪斯”两字译写，不但语音上更符合普通话的读音，而且因为“迪”专门用于翻译的特用汉字身份也可避免用“的”所可能产生的误会。如利比亚的首都 Tripoli 倘若汉译作“迪黎波里”而不是如今的“的黎波里”，可能也会减少一些不必要的误会。

吧”)，它们同样得称作合成词，不能或无法称作单纯词，因为无论怎么说，它们都是由有关系的构件结构成的一个结构体。合成词固然绝大多数是由双字构成的，三字组合单位也有着与双字组合单位类似的性质特点，同样具有词的资格。合成词最多的是双字格的，其次是三字格的，如“亚健康、戴高帽”，也有超过三字的，如“自来水笔、无后坐力炮”。

复字词不等于合成词，复字词中还有为数相当可观的由若干个无义汉字或弃义汉字凑成的单位，也就是复字单纯词。其中由无义汉字与无义汉字凑成的复字词一般是双字的，这就是所谓的联绵词，如“颟顸、觊觎”；由弃义汉字与弃义汉字凑成的复字词，没有硬性的字数规定，这就是所谓的外来词，如“克隆、雷米封、歇斯底里、布尔什维克”。汉语中少有由无义汉字与弃义汉字组合成的单纯词，或由无义汉字与弃义汉字组合成的合成词。

合成词也不完全是复合词，它可分为两类：一类是复合词，词的所有直接组成成分主要是词汇性的，如“电脑、里外”；另一类是派生词，词的直接组成成分既有词汇性的又有语法性的，如“老鹰、钳子、丫头家、乡巴佬”。复字词汇单位中另一个常被人提起的大类就是熟语，它包括典雅的成语（如“黔驴之技、买椟还珠”）、俗白的惯用语（如“到哪说哪、空手套白狼”）、歇后语（如“张飞穿针——大眼瞪小眼”“武大郎放风筝——出手不高”）、谚语（如“人误地一时，地误人一年”“花配花，柳配柳，破粪箕，配笤帚”）以及介于雅俗之间的格言（如“生命在于运动”“得民心者得天下”）、名言（如“发展才是硬道理”“人人为我，我为人人”）和警句（如“宁停三分，不抢一秒”“火警就是命令”）。复字词汇单位中还有一类，它们是由词与词构成的固定组合体。这种固定组合体不像熟语那样表示一个较为完整的思想，而是表示一个特定的概念；也不像熟语那样传承久远，而是近代以来创造的。这种表示一个特定的概念的历史并不悠久的表意直白的固定组合体，借用一个现成的说法，可称之为仂语，如“麻醉疗法、全息摄影”。

词汇单位有典型和非典型之分。典型的词汇单位，是有意义且可独立使用的字（如“天、好、打、很”）、词（如“委员、奋斗、共和国、安全岛”）、仂语（如“和谐社会、海峡两岸、八三四一部队、六一儿童节”）、熟语（如“醍醐灌顶、优柔寡断、死猪不怕开水烫、老鼠进风箱——两头受气”），它们都是词汇现实性的使用单位；非典型的词汇单位，是无意义的或虽有意义却不能独立使用的字（如“骆、蝌、榄、芙”和“睫、皿、肤、恧”）、无意义的字串（如“布达拉宫”的“布达拉”、“鄂伦春族”的“鄂伦春”①）、可称为“待嵌格式”的词汇性的架构（如“连……带……”“一……再……”“有……无……”“左……右……”②），它们都是词汇非现实性的备用性单位。

---

① 如果按照 Bloomfield 在其 *Language* 中提出的理论来看，“布达拉”、“鄂伦春”之类就也是语素，不过不是普通的语素，而叫“剩余语素”。

② 架构，除了词汇性的以外，还有句法性的，例如“不但……而且……”“既然……那么……”“如果……就……”“因为……所以……”等用于复句的关联词语。

# 三 艰难困苦，玉汝于成

## ——词化和词汇化

一位西方语言学家曾说过，一个词就是一部历史。如果这话是就一个词形成的历程而言的，大体是不错的。不少词汇单位都曾经历过词汇化的过程；不少词汇单位也曾有过词化的经历。词汇化、词化并非同一概念。词汇化，指的是一个语言成分由非词汇成分衍化成为词汇成分的过程，如在古代某历史时期一个语言成分由语法要素后来逐渐衍化成为词汇要素的过程。词化，指的是由松散结合在一起的若干个字逐渐衍化成紧密结合的一个结构体——词的过程。跟词汇单位关系密切的是词化的问题。词化是一个造词的过程，这个过程有的简单，有的并不简单。如“皇帝”这个词的造出就不是一个简单的过程。秦统一六国后，嬴政觉得自己“德迈三皇，功过五帝”，“王”已不足以显示其尊贵，不足以表现他巨大的历史功绩，便令臣下议帝号。《史记·秦始皇本纪》记载，诸大臣博士商议结果认为“古有天皇、有地皇、有泰皇，泰皇最贵”，因此上尊号为“泰皇”。然嬴政仍不满意，单取一“皇”字，同时又采上古“帝”位号，号曰“皇帝”。自此，“皇帝”这个词正式出现在汉语中，它代替“王”而成为中国最高统治者的称谓，而嬴政也就成了中国历史上的第一位皇帝。这就是“皇”“帝”词化为“皇帝”的过程。

本来松散结合在一起的若干个字，最初可能只是短语，只不过在日后逐渐凝固为词，完成其词化的过程。如“国家”在上古不是词而是短语，中古开始逐渐固化为词；“有种”，出自司马迁《史记·陈涉世家》“王侯将相宁有种乎?”但在当时未必就是一个词。既然语言发展史上存在非词衍化成词的例子，当然也就存在着非词而终竟未能衍化成词的情况。如《史记·平原君虞卿列传》：“毛遂谓楚王之左右曰：‘取鸡狗马之血来。’遂奉铜盘而跪进之楚王，曰：‘王当歃血而定从。’”“从”，纵也；“定从”，定合纵之约。然而“定从”并没有作为词流传下来。再如《庄子·齐物论》：“汝闻人籁而未闻地籁，汝闻地籁而未闻天籁夫!”只有“天籁”在后世得以词化，“人籁、地籁”均未词化。一个单位，未必在各个时代皆可作为词而存在，它很可能在某些时代被人们频繁地使用，为当时的人视为词，而在某些时代未被人们频繁地使用，不为当时的人视为词。这在语言史上是常见的事，且不说远古、上古、中古等时代的汉语中有大量在当时使用而在后世亡佚了的词，就是刚刚过去的近代，亦有被当代人弃而不用甚或彻底忘却的单位，它们已很难再为当今的人视为词，如“文革”中曾经常用的“老保、特嫌”。

词化，在一些专有名词的形成上有较为突出的表现。如高等学校中按学科所分的教学行政单位称为“系”，系的行政负责人称为“主任”，但是常常听到人们在介绍时说：“这位是中文系的系主任。”这其实是赘疣式的说法，因为前边已说“某某系”，后面便无需再说“系主任”，只说“主任”即可。可是人们不但照旧这样说，而且这种说法似有愈来愈被接受的趋势，

“系主任”也渐有词化的趋向。之所以会如此，在于系这一级教学行政单位里还有教研室、研究室，而室的行政负责人也都是“主任”。为区别此“系”主任不同于彼“室”主任，遂将“系”与“主任”连在一起，成为一个词“系主任”。试将“系主任”与“办公室主任”等加以比较，不难看出“系主任”远比“办公室主任”词化的程度高——生活中并没有“他是党委办公室的办公室主任”的说法。这就是“系主任”的词化过程。类似的例子还有词语“国家主席”。本来国家最高领导人的称谓最好是唯一的，就像中华人民共和国政府的最高领导人的称谓“总理”，中华人民共和国最高立法机构的最高领导人的称谓“委员长”一样。但是我国现在国家最高领导人的称谓不是“总统”是“主席”，而全国上到国家最高机关下到最基层的车间班组工会，各级部门都有“主席”，这就不但不能凸显国家最高领导人的权威，也容易造成称谓上的混淆。有鉴于此，港澳地区称呼胡锦涛这样的国家最高领导人时，常常不称“胡锦涛主席”，而称“胡锦涛国家主席”。试将“国家主席”与“工会主席、基金会主席、组委会主席”等加以比较，不难看出“国家主席”远比“工会主席”等词化的程度高——生活中没有“他是我厂工会的工会主席”的说法。跟“国家主席”类似的还有“国务委员、名誉主席、荣誉主席、主任委员、讲习教授”等，它们均可置于姓名后，可见其词化程度之高。而“工会主席”却难置于姓名之后，可见它词化程度较低。

词化的说法，不能狭隘地理解成仅仅是在词这一级单位上的变化过程，而应理解成是在各级词汇单位上的变化过程。熟语性的单位是否能成为词汇单位，也存在着同样的问题。如《左传·僖公五年》："谚所谓'辅车相依，唇亡齿寒'者，其虞虢之谓也。""唇亡齿寒"作为成语被后世继承下来，而"辅车相依"却被不少人遗忘。再如宋代苏麟《献范仲淹诗》里的诗句"近水楼台先得月，向阳花木易为春"，"近水楼台先得月"成了成语，甚至进一步浓缩为四字成语"近水楼台"，而"向阳花木易为春"却遭到了"冷落"。

# 第二章

## 语汇重要，语汇难

## 词汇与语汇

一

# 必也正名乎

## ——字真的仅仅是文字学的单位吗

张志公先生曾撰文《语汇重要，语汇难》（《中国语文》，1988 年第 1 期），指出“在语音、文字、语汇、语法四者之中，语汇比较重要，也比较难”。张先生所说的“语汇”，就是词汇。张先生一语中的，既点出了词汇在语言体系中的重要地位，也指出了对它的研究貌易实难的实质。

### （一）字是汉语词汇单位

字究竟是何单位？这一本来无须讨论的问题却在 20 世纪 50 年代初成了必须讨论的大是大非的原则问题。在 50 年代中国语言学界爆发的那场字本位还是词本位的大讨论中，反对将字看做语言词汇单位的人认为，字是文字的单位，不是语言的单位，将字视为词汇的单位是字本位的观点，是早该抛弃的陈腐观点；坚持将字看做语言词汇单位的人数远不如反对者多，声音一发出即遭淹没。这种局面直到 90 年代初才略有改观。字果真只是文字学的单位吗？在中国现代语言文字学产生之前两千多年的历史中，人们都习惯说“字”，并让它指称 20 世纪初才产生出来的“词”、“语素”等所指的对象。字如果仅指文字学意义上的形体符号，不是/也不能充当语言学意义的单位，那么它在两千多年历史中的意义所指就成了问题。即使在今天看来，字也未必就仅指文字学上的形体符号，我们常听人说“他说了半天，我一个字也没听懂”“请你大点儿声，你刚才说的话老人家一个字也没听见”，这些“字”都非文字形体之意，而是语言词汇单位之意。《现代汉语词典》也为“字”设立了一个“字眼；词”的义项，承认它并不仅指文字形体符号。因此，毫无疑问字应该是汉语词汇的一级单位，是基础性的单位。

**（二）字和语素的关系**

字并不时时处处都与语素画上等号。语素的定义是语言中最小的音义结合体。举凡语言中存在的音和义的结合物，只要它是最小的、不可再行分解的，就是语素。这就出现了两个大的问题。第一，语素的定义并未说明它一定是词汇层面上的音义结合体。换言之，其他层面上的音义结合体，只要它是最小的，也未必不可以称作语素。第二，按照现有的语素的定义，它只是对结合而成的那个音义结合体提出要求，要求其必须是最小的音义结合体，不可再行分割，却并未将构成它的音、义分开来说明是否必须都是最小的。事实上，音是否最小，人们并不看重；而义是否最小，才是人们最看重的。

在汉语中，字元数与音节数在绝大多数情况下是一一对应的，即一个汉字发之于口的音节形式是一个；一个音节形式，其著之于书面上的字元是一个。但是不相一致的情形也还是存在的，如一字元二音节的“瓩、呎、时、哂、哩、浬”（一字元承载二音节是极限，汉字中没有一字元承载三音节或三音节以上者），一音节二字元的“花儿”（一音节承载二字元也是极限，汉字中没有一音节承载三字元或三字元以上者）。当一音节二字元的“花儿”这样的形体出现在人们面前的时候，似乎无人会对“花儿”的一个语素的资格持怀疑态度，因为人们认为“花儿”的“儿”只表示一个卷舌动作，不自成音节，不算具有一个独立语素的资格；当一字元二音节的“瓩”这样的形体出现在人们面前时，好像也没有多少人会因“瓩”在读音上分为两个音节而将其视为两个语素，因为“瓩”的文字形体又起到了约束其无法拆分为两个语素的作用。可见在语素的认定上，人们的态度是宜合不宜分的，即只要有可能不把字元、音节大于一个的形式算作不同的语素，人们还是尽量将其视为一个语素。

也就是说，字元可以在空间上延伸为占两个或更多个方块的面积，音节也可以在时长上拉长到两个或更多个音节的长度，只要这字元之多、音节之长还不足以使人们认定它已在表示两个或更多个语素，那么人们还会将其认定为一个语素。正因如此，传统上的联绵词，虽然它一般由两个字构成，但古人仍称其为“联绵字”而不是“联绵词”，现代人则把它们看作两个字表示的一个语素、一个词。[①] 用汉字拟写其他语言的音而成的汉语外来词，尽管可能需要八九个甚至更多个字来表示，但中国人仍将其视为一个语素、一个词。

### （三）字组合为词的模式

字与字组合可构成词，构成过程受字义的制约。字可分为有义字、无义字、弃义字三类。有义字如“天、地、吃、穿、

---

① 我们曾经做过一个有趣的实验：将“铿锵”两字分开来读给一些人听，请他们将正确的字写下来。不料相当一部分人竟将“铿”写作“锵”，将“锵”写作“铿”。这是他们习惯于将“铿锵”这样的联绵词进行整体记忆，而不习惯分别记忆所造成的。这一点或也说明，古人将现代人所谓的联绵“词”视为联绵“字”，不无道理。

好、坏、很、真”；无义字如“琉、璃、氆、氇、葡、萄、蝌、蚪”；弃义字如“纳米”中的“纳、米”，“克隆”中的“克、隆”，“雷米封”中的“雷、米、封”，“福尔马林”中的“福、尔、马、林”，它们在所组成的词中丢弃了其本有的字义。

字与字组结为词的模式主要有如下几种：

（1）有义字+有义字，如“人民、悠闲”。有义字又可分别为实义字和虚义字。实义字不必多说，虚义字有“呢、着、的、乎”。实义字+虚义字的例子有“有着、的话、来着、在乎”，虚义字+虚义字的例子有“着呢、着哩、然则、之乎者也”。

（2）有义字+无义字，如“瘫痪”。

（3）有义字+弃义字，即其中一个字取汉语本来的意义，另一个字是取译借的外语成分的。例如译自 Man. United 的“曼联”，“曼”是弃义字，“联”是有义字。类似的例子还有“酒吧、沙皇、摩的、刷卡”。

（4）无义字+无义字，如“琉璃、氆氇、峥嵘、蝾螈”。

（5）无义字+弃义字，如“扎啤（‘扎’英 draft，‘啤’英 beer）、氧吧”。

（6）弃义字+弃义字，如“坦克、马达、杯葛、哈达、热瓦甫、冬不拉、盘尼西林、英特纳雄耐尔”。

汉语中甚至有“IC 卡”这类用西文字母+弃义汉字构成的词。以西文字母+弃义汉字构成的这类词，在专有名词中亦可见到。例如葡萄牙足球运动员 Cristiano Ronaldo Dos Santos Aveiro，该英文名字译成中文为“克里斯蒂亚诺·罗纳尔多·多斯·桑托斯·阿维罗”。一则是嫌这样长的名字难以称呼，再则是为了区别于西班牙足球运动员 Ronaldo Luiz Nazario De Lima（中文译名为“罗纳尔多·路易斯·纳扎里奥·达·利马”），于是将其称作“C 罗”。

有的有义字功能甚至比不上无义字、弃义字。例如“招徕”中的“徕”只能出现在与“招”组合的场合，组合成“招徕”；“蠲免”中的“蠲”只能出现在与“免”组合的场合，组合成“蠲免”。当然，这些组合功能非常弱的汉字，在历史上组合功能未必就如同现在一样弱，有的甚至完全可以独立使用。如“徕”在《论语·季氏》中就独立出现在“故远人不服，则修文德以徕之”的句子里。无义字亦可在一定条件下构成复合词，如“叮咛、嘱咐”都是联绵词，但是由这两个词的构词要素构成的“叮嘱”却是复合词。

### （四）字的构词能力

构词能力大小，固然与该字是否能独用有关；一般能独用的字，构词能力会强一些，不能独用的字，构词能力会弱一些。但这一点不可绝对化，因为有的字虽不能独用，但其构词能力并不弱，如动词性的“就”一般不独用，但却可构成“就义、就餐、就读、就学、就刑、就戮、就职”，甚至“就浴”等；反之，常独用的一些字却不一定有很大的构词能力，如“的、也、吗、呢”。当然，也有在历史上独用而没有大构词能力而在后来发展为构词能力超强的情况，如“零”，现在可构成“零距离、零接触、零付出、零污染、零支付”等。

不少学者在谈到语素的性质和功用时，用“自由”作为词根的特性，用“粘着”作为词缀的特性。这或许并不适当。粘着的字不一定就可以充任词缀；词根也有粘着的。再进一步看，词也有粘着与自由之分，如“无乃、岂非、代为、自相、之内、之最”就是粘着词。与粘着字一样，有些粘着词也可能随着发展变成自由词，如“之前”在20世纪90年代之前必须附着在一个表示时间的体词性成分后才可使用，大约从90年代开始它渐可用于句首，变成自由词了。自由的字也未必就是词根；词缀也有自由度大小之别。词缀、词根（以及词干之类），是从构词来谈的，而自由、粘着是从字（语素）结合度、使用度来谈的，两者不可混为一谈。自由的字多为结合面宽的语素，粘着的字多为结合面窄的语素。构成一个词的两个字，可能一者是自由的，结合面宽，一者是粘着的，结合面窄，如“睫毛、楼宇”；可能两者都是自由的，如“吃紧、后爹”；或两者都是粘着的，如“疆埸、晋谒”。汉语如此，英语也是这样。例如blackbird，black和bird结合面都很宽，都较为自由，而outlandish中的out结合面很宽，较为自由，landish结合面很窄，是粘着的。再如cranberry中的cran远不如berry结合面宽。但是landish和cran都并非词缀，而是词根。

## 二 此“素”非彼“素”

### ——张冠李戴何时了

“语素”是英语morpheme的汉译，初译为“词素”，后才改译为“语素”。“词素”、“语素”最初都是汉语语法学者创造的，在很长一段时间里也主要用于汉语语法的教学和研究，只是当汉语词汇学诞生后，它才在汉语词汇教学和研究中使用开来。有意思的是，当“词素”这一术语被造出后，“字”似乎就不大被用于语法分析中了；当“语素”术语被造出后，“词素”也不大被用于语法分析中了；而当“词素”、“语素”术语出现后，不少人又提出“字”是文字学的术语，属于语文学的概念，于是“字”便被这些学者从语言学的术语序列中摒除出去，打入“冷宫”，不再将其用于汉语词汇学的研究。在对汉语的词语进行分析时，有意义的单字成分被称作“语素”，其中能独立自由使用的单字成分又被单独称作“词”；没有意义的单字成分被称作“音节”。这样的术语分布是否妥帖，值得研究。

在很多情况下语素是从可否运用的角度而论的，它也可以从能否理解的角度而论。如“企鹅”的“企”今日说普通话的人理解起来会有些吃力，甚至可能会怀疑“企”是否来自其他语言的外来语素。其实，“企”在古汉语中是尽力前望而踮脚站立的意思，《唐韵》《集韵》《韵会》去智切。《正韵》去冀切，音器。举踵望也。现代粤方言里，“企”仍是一个非常自由的语素，公交车上有“座”位，有“企”位。汉民族共同语中的“企鹅”的“企”，就是“（为尽力前望而）踮脚站立”的意思，亦即“举踵望”。

现代语言学认为，词是最小的能够自由运用的语言单位。依此，所有被称作自由语素而能单独出现的字（如“人、吃、大、很”）都是词，所有由被称作粘着语素的字相互组合而成的单位（如“旅次、令阃”）、所有由被称作自由语素的字与被称作粘着语素的字组合成的单位（如“开赴、敢于”），甚至由部分被称作自由语素的字相互组合起来的单位（如“忙乱、家产”），只要它们彼此间的结合是紧密的，或者它们结合后增生了新的意义或非字面上的意义，只要它们具有自由运用的资格，就都能为一般的学者和普通人认定为词。

上面所列出的词，实际上可分为两类，一类是所谓的单字词，一类是复字词中的合成词。绝大多数的单字词都是由有义汉字充当的，只有在一定条件下少数无义汉字或弃义汉字才具有充任单字词的资格。现代语言学认为，语素是语言中最小的音义结合体；词汇范围内所谈的语素分为自由语素和粘着语素，成词的是自由语素，不成词的是粘着语素。然而，成词的虽然一般是自由语素，但自由语素却未必时时处处都成词，因为不少自由语素既可直接充当词，亦可作为词语的构件用于构词造句，如“人民”的“人”，“公路”的“路”；不成词的尽管一般是粘着语素，但粘着语素却不见得不能成词，因为相当数量的粘着语素也具有词一样的功能，如“分道而行”的“行”，“听我慢慢道来”的“道”，它们很难有独立自由运用的资格，但却可以出现在上述未必是熟语性的组合中。可见，将语素分为自由和粘着两类，仍旧无法彻底解决何者是词何者不是词的问题；更何况当被称作语素的字成词时称其为“词”，当被称作语素的字不成词时又称其为“语素”，这有违逻辑，且容易造成混乱。

现代语言学建立“语素”概念的同时，把中国人传统观念上的“字”摒除了。“字”不再被提起，被认为是文字学的术语，而代之以“语素”和“音节”，有义汉字遂被改称为“语素”，无义汉字以及因使用而变成的弃义汉字遂被改称作“音节”。音节是语音学的术语，拿来作为词汇的分析单位，实在不伦不类。实际上音节也代替不了字，且不说音节是由音素组成的语音单位而非词汇单位，词汇里还有由若干个字构成的字串（如“摩托车”中的“摩托”，“登革热”中的“登革”），亦非用音节代替得了的，一些非单音节的字（如“浬、瓩”）更难用音节来称说。因此，不宜将字从汉语语言学中摒弃掉，字仍是汉语语言学尤其是汉语词汇学中有用的术语——它是词汇最低的一个层级，也是为数众多的他类词汇单位构成的基础。

上述分类系统中最容易引起争议的恐怕就是“字”这个术语了。这也难怪，人们早已习惯了“语素”这个术语，现在突然重提“字”，而且把“字”放到原先“语素”的位置上，当然会令一些人顿感突兀。在现代汉语句法分析中，充作句法成分的常常是词，且是复字词，而很少可能是字。因而，语法学家把那些能独立充当句法成分的字以及那些独立充当句法成分的字与字的组合体称作“词”，把那些不能独立充当句法成分而又有意义的语言成分称作“语素”，似乎是顺理成章的事。词汇的分析与句法的分析不尽相同。绝大多数的字在词汇的分析里呈两种状态：一是独立的材料单位，二是材料的构造成分。在语法里，不能独立充当句法成分而又有意义的语言成分，对句法而言是备用性的单位。这备用性的单位，要首先成为词这样的现实性的使用单位，然后才能在句法上派上用场。句法分析完全可以对仅有意义而无法独立充当句法成分的单位视而不见，遂称其为“素”；在词汇里，即使它是另一个词汇材料的构造成分，对词汇来说也是现实性的单位，词汇分析必须正视它又很难称之为“素”。作为独立的材料单位的字在历史上本居第一位，由于语言的发展，此消彼长，相当一部分的字现在仅能作为材料的构造成分，尚能作为独立的材料单位的字在数量上已退居第二位。但无论是从时间的角度看还是从其功用的角度看，字仍旧是字，本质上并未发生任何改变。

## 三 鹊巢岂容鸠占

### ——词位，不可混同于其他单位之位

词，从结构的角度看，是一定历史平面上介乎字（语素）和短语（包括固定短语、自由短语）之间，有别于架构的一类词汇单位。从构成它的字的多寡的角度看，词可分为单字词、复字词。根据组成它的每个字是否可再分为两个或两个以上的直接组成成分，复字词可分为单纯词（复字单纯词）、合成词。

复字单纯词，虽由两个或两个以上汉字构成，但这些汉字都是无义汉字，或至少是其原本的意义在此已失去作用的汉字——弃义字。复字单纯词分为联绵词、叠字词、外来词三类。

### （一）联绵词

旧称联绵字，一般由两个字构成，两字连缀成义，不能分释。联绵词产生于六朝前后，现代所见联绵词一般是古代汉语遗存下来的单位，这就更加增添了两个字分释的难度。后人对古人创造的联绵词的结构进行研究，认为有一些可以看出两个字的声母存在着近同的关系，是为双声词，有一些可以看出两个字的韵母存在着近同的关系，是为叠韵词。但随着语言的发展，语音历经千年的变化，古代的双声联绵词、叠韵联绵词，有的已演变得不具双声、叠韵的关系了，而古代的非双声、非叠韵的联绵词，有的又演变得具有双声、叠韵的关系。现代汉语中保留下来的联绵词尚有不少，例如：

涟漪　襁褓　缱绻　孑孓　徘徊　彳亍　螳螂　觊觎

葭莩　鹧鸪　婕妤　茳芏　踉跄　踽踽　菡萏　颟顸

闶阆　蛞蝼　褴褛　蝌蚪　铿锵　崆峒　箜篌　骷髅

纨绔　蹂躏　茉莉　貔貅　饕餮　玳瑁　蚯蚓　伎俩

六朝后，联绵词产生的余绪不断，个别联绵词更产生于近代甚至现代，例如“耰耙、馄饨、垃圾、瘌痢”。

有一些联绵词是可以用其中的一个字为其代表字的，如“螃蟹”以“蟹”为代表字构成“蟹肉、蟹黄、河蟹、海蟹、巨蟹”等；“蝴蝶”以“蝶”为代表字构成“彩蝶、蝶泳、蝶恋花、狂蜂浪蝶”等。古时产生的成语，有的还保留着联绵词代表字的遗迹，如“螳臂当车”的“螳”就是“螳螂”的代表字。代表字现象并不是发生在所有的联绵词上，如“踟蹰、觳觫、轱辘、趔趄、彳亍、蹊跷、铿锵、窈窕”就都不能用其中任何一个字作代表字。

联绵词有的在历史上曾有异序形式，如“跷蹊”和“蹊跷”、“嗫嚅”和“嚅嗫”、“蹀躞”和“躞蹀”、“蚰蜒”和“蜒蚰”。但是绝大多数联绵词发展到今天都已充分定型，不再有异序形式。

其实，现代语言学进入中国之前，在我们先人的心目中，凡连缀成义的词即可称作联绵词。连缀成义，并非我们今天所谓的两字不可分开来用。如“伉俪”一词，是今人眼中绝对不可分开来解释的联绵词。《左传·成公十一年》中有：“己不能庇其伉俪而亡之，又不能字人之孤而杀之，将何以终?”孔颖达解释道：“伉俪者，言是相敌之匹偶。”“伉”本义是匹敌，相当；“俪”本义是配偶。可见“伉俪”最初不具备“连缀成义而不能分开解释”的条件。因此符定一的《联绵字典》、朱起凤的《辞通》中都将许多在今人看来绝对属于合成词的单位搜罗其中。只是当现代语言学进入中国后，学者们认为不可将合成词与两字（或两字以上）构成的单纯词混为一谈，遂将联绵词严格限定为两字单纯词。

### （二）叠字词

叠字词，顾名思义，就是两个字叠在一起构成的一个词。叠字词可以是复合词，其两字可以分释，如“刚刚、人人”；不过，这里所谈的叠字词只是单纯词中的一类，构成它的两个字连缀成义，不可分释。单纯词中的叠字词与联绵词的性质极为接近，所以不少人将其置于联绵词中加以说明。单纯词性的叠字词在古代、现代都产生，例如：

凬凬　岌岌　赳赳　戛戛　鹕鹕　粼粼　饽饽　霏霏
狒狒　猩猩　悻悻　飗飗　荦荦　拳拳　凿凿　冉冉
靡靡　嬷嬷　囡囡　喃喃　呶呶　袅袅　哝哝　伾伾
狉狉　芃芃　踽踽　雰雰　睊睊　狉狉　纭纭　泠泠

## （三）外来词

外来词从结构上可分为全外来词、半外来词两类。全外来词无疑属于单纯词，如“噻吩、撒旦、冬不拉、尼古丁”；半外来词，即只一半的构词材料拟写外语的语音形式，另一半的构词材料是借方语言自己的，这样的半外来词可视为特殊合成词，如“酒吧、K 粉、蒙古族、萨克斯管”。外来词又可分为音译词和意译词，前者直接将贷方语言词的语音形式搬移进借方语言，后者用借方语言的材料将贷方语言词的意思进行翻译。上述的全外来词就属于音译词，意译词一般不认为是外来词，如汉语“赛点”意译自英语 game point，“第一夫人”意译自英语 first lady。外来词的问题在“词语集合”一章专节论述，此处从略。

合成词至少由两个字构成，因而都是复字词。构成合成词的字中，至少有一个是有义字，因而它至少可以分作两个直接组成成分。有义字并不意味着必然起现实作用，如“窗户”这类偏义词，虽然只有“窗”起作用，而“户”不起作用，但它仍是合成词。合成词中，两个直接组成成分都主要表示词汇性的意义的，称为复合词，如“灯泡、划时代”；两个直接组成成分一个主要表示词汇性的意义，另一个主要表示语法性的意义的，称为派生词。派生词的问题后面将专门谈及。

过去不少语法学的著作都从使用的角度来界定词，说它是语言中能够自由使用的最小的语言单位。从使用的角度来界定词，容易出现一个单位此时是词彼时非词的情况，给词位确定带来困难。

实际生活中存在的词是有目治、耳治之别的，亦即存在着口词（听觉上的词）、目词（视觉上的词）之别。如“状态不佳”“心情不佳”的“不佳”并非一个词，而只是一个短语，这一点《现代汉语词典》未收它为词条可以为证；“佳”才是一个词。但“佳”却往往不在人们口头出现，极少被口头语言使用，而多数在书面上出现和使用，可见“佳”不是口词，而是个目词。再如下面一段文字：

这具浸在棺液中的古尸是中国首次在长江以北发现的汉代湿尸，也是继湖南长沙马王堆汉墓、湖北荆州汉墓之后，中国又一次发现保存完好的汉代古尸。（《南京医学家尝试提取千年古尸 DNA》，《现代快报》，2008 年 10 月 9 日）

文字中的“湿尸”不是口词，非口说耳听的，而是写在纸上，用眼睛看才能看得懂的目词。词的这一区别表明词位的确定并非一件简单的事情。这或许亦可说明这样一个问题：由于双字词的作用，人们用入词的字反观未入词的字，从已入词的字的语素身份推导所有未入词甚或不入词的字（实际上这些字就是词——单字词）也是语素，即把词给语素化了。“尸”本就是一个词，但由于它常出现在“尸体、尸首”等双字词中，以致人们一般认定“尸”就是一个语素而忘记了或不再承认其词的身份，于是“女尸、男尸、童尸、腐尸、干尸”等被看成了词。有的组合被视为词，连带其他组合也有了被视为词的可能，如随着出土的木乃伊日渐增多，“干尸”一词的曝光率也逐渐增大。“干尸”词感加大了，“湿尸”的词感也在增强。下面有一个例子：

据介绍，这是荆州第一次出土干尸，1975 年，荆州凤凰山曾出土一具保存完好的男性“湿尸”。“一男一女，一湿一干，这是近年荆州文物最大的发现之一。”文物专家称，这具干尸具有较高的研究价值。（《湖北荆州出土完好女性干尸》，《楚天都市报》，2009 年 4 月 29 日）

当然，“湿尸”的词感目前还比不上“干尸”，这一点从“湿尸”需加引号而“干尸”无需加引号即可看出。但“湿尸”毕竟可以组合在一起，而无需组合为“湿的尸”或“湿的尸体”，说明它在向词过渡这个过程中，“干尸”起了重要的推动作用。除上述诸“尸”，其他的“尸”能否也算作词呢？如“妪尸、翁尸、蛇尸、蝇尸、马尸、鹿尸”有无词的资格？有些组合体之所以会被人视为目词，根本的原因还在于构成它们的那些字还很少组合在一起，该组合体也没有经常性地复呈于人们的眼前。一旦一些汉字经常组合在一起，一旦该组合体经常性地为人们使用，它们就不会是只能为人们看懂的目词，而会成为能为人们听懂的口词了。如汉语本无“月壤”、“月面”这些词，随着人们对月球认识的加深，这些词陆续被造出，也逐渐被人们接受了。“月壤”、“月面”从造出到现在，相信是经历了一个由目词到口词的过程的。

词位要靠词感来确定。没有词感的单位，不称其为词位。

“蓝鸟”指日产汽车时，其词感由结构生成，而“蓝色的鸟”倘若亦指同样的事物时，其词汇感则因其所指为具体的事物所生，并非由结构生成。也就是说，如果词不指具体的事物，则永远不会有人认定其为词汇单位。再如“大姑娘挽袖”之所以会给人以词感，那是因为它所指的是一种豆角，具有指称性。

## 四 字有所“短”，词有所“长”

### ——各类词汇单位的长度是其形式标志之一

#### （一）词

词有典型格式与非典型格式之别。词的典型格式是双字格，次典型格式是三字格，个别的词则由四个字甚至五个字构成。词的典型格式是双字格、次典型格式是三字格这一说法是以下列事实为根据的：翟灏的《通俗编》可看做中国古代或至少是清代词语类工具书的代表。该书收条共计 5 558 个，其中双字词汇单位有 2 242 个，约占 40.34%，如“风色、连襟”，三字词汇单位有 696 个，约占总数的 12.52%，如“打头风、挂龙雨”。两者相加有词 2 938 个，约占该书收条总数的 52.86%。《近现代汉语新词词源词典》（汉语大词典出版社，2001 年）所收条目可看做 19 世纪末至 20 世纪初汉语词语的代表。该词典收条共计 5 056 个，其中双字词汇单位有 2 567 个，约占 50.77%，如“季风、卵巢”，三字词汇单位有 1 690 个，约占

33.43%，如“动滑轮、凝聚力”。两者相加有词4 257个，约占该书收条总数的84.20%。《现代汉语词典》（1996年版）可看做20世纪中叶直至20世纪90年代初汉语词语类工具书的代表。该词典收条共计58 481个，其中双字词汇单位有39 548个，约占67.63%，如“返潮、三副”，三字词汇单位有4 828个，约占8.40%，如“三联单、小金库”。两者相加有词44 376个，约占该书收条总数的75.88%。《新华新词语词典》（商务印书馆，2003年）可看做20世纪末至21世纪初十几年间汉语词语类工具书的代表。该词典收20世纪90年代以来的词汇单位共计2 168个，其中双字词汇单位有1 204个，约占55.54%，如“盗印、跟进”，三字词汇单位有324个，约占14.95%，如“冷和平、蓝筹股”。两者相加有词1 528个，约占该书收条总数的70.48%。由上述工具书的收条情况不难看出，双字词汇单位、三字词汇单位在汉语词汇中占有相当大的比例，两者之和在整个词汇中更占压倒性的多数。还可看到，双字词汇单位的数量远大于三字词汇单位的数量，因而我们有理由把双字格视为词的典型格式，把三字格看做词的次典型格式。

### （二）成语

成语的典型格式是四字格。《中国成语大辞典》（上海辞书出版社，1987年）收条总数为17 934个，其中四字格有17 140个，约占总数的95.57%。说成语的典型形式是四字格，意味着成语还有一些是非典型的形式，即非四字格的。《中国成语大辞典》中收有非四字格的成语794个，仅约占总数的

4.43%，例如“莫须有”“物不平则鸣”“起死人，肉白骨”“是可忍，孰不可忍”。可见，成语的长度，短可三字，长可八字。八字成语一般都是双四字格对称结构的[①]，非对称结构的成语一般都少于八个字。在超过四字的典型成语的问题上，还存在着续写成语的现象。如有成语“望子成龙”，有人在其后续写上“望女成凤”，以形成对称式的“望子成龙，望女成凤”。

**（三）仿语**

仿语的典型格式也是四字格。《中国网路语言词典》（中国经济出版社，2001 年）收纯由汉字构成的词汇单位 1 044 个，其中单字词汇单位 12 个，如“宰、砖”；双字词 239 个，如“触网、硬猫”；三字词 124 个，如“集线器、局域网”；四字词汇单位 462 个，如“原创资讯、主板市场”；五字词汇单位 113 个，如“城市资讯港、代理伺服器”；六字词汇单位 57 个，如“传输控制协定、电子通用语言”；七字词汇单位 16 个，如“不完全电子商务、电信金融联名卡”；八字词汇单位 13 个，如“第三方电子化服务、多语言国际化域名”；九字词汇单位 4 个，如“电子商务服务提供者、赛柏空间的视觉形式”；十字词汇单位 2 个，是“综合性互联网资讯服务、中国公用计算机互联网”；十一字词汇单位和十二字词汇单位各 1 个，分别是“计算机紧急情况反应小组”和“国际电报与电话咨询委员

① 双四字格成语，也称“骈体成语”（参看吴越：《骈体成语——成语中的一支异军》，《语文学习》，1982 年第 11 期）和“双句成语”（参看舒雁：《双句成语》，香港：明天出版社，1991 年）。

会”。据此可得出两点结论性的认识：一是，从四字到十二字的669个仂语性单位，其中四字的约占69.06%，说明四字仂语在仂语中居于优势地位；二是，仂语的长度通常以十字为限，最长的一般也不大会超过十二字。我们还可用《现代汉语词典》所收仂语的情况对第二点加以佐证：《现代汉语词典》除收录大量的四字仂语（如“案头工作、木雕泥塑”）外，还收录了一定数量的超过四字的仂语，例如五字的“海洋性气候”，六字的“动脉粥样硬化”，七字的“国际日期变更线”，八字的“和平共处五项原则”，九字的“第二次国内革命战争”。《现代汉语词典》虽然也收录了十个字的单位（如“留得青山在，不怕没柴烧”）和十二个字的单位（如“只许州官放火，不许百姓点灯”），但那都不是仂语而是熟语；《现代汉语词典》收录的仂语，长度最长的是九字的。

**（四）惯用语**

“惯用语”这一术语，我们不认为所指的是那类由三个字构成的非字面意义上的单位，如“穿小鞋、碰钉子”，而认为它所指的应是四个字或四个字以上的表意俗白的单位；“穿小鞋”等单位，我们认为与“自来水、荧光灯”等同属词的单位，是三字词中的一个离合性的次类。我们这样处理的理由，后边会详述。

惯用语中由四字构成的单位略多，因此我们可以把惯用语的典型词长定为四字，如“仨瓜俩枣、有一得一”。惯用语当然有超过四字的，如五字的“脚踩两只船”，六字的“官盐当私盐卖”，七字的“敬酒不吃吃罚酒”，八字的“癞蛤蟆想吃天鹅肉”，九字的“老天爷饿不死瞎家雀”，十字的“能挑千斤担，不挑九百九”，甚至有超过十字的。惯用语有单小句型和多小句型两类。单小句型的长度一般以十字为限；多小句型一般是由双小句构成，也有个别的由三个小句或三个以上小句构成。双小句型的惯用语的长度，一般不会超过两个单小句惯用语之和。

### （五）歇后语

歇后语是由一引一注的双小句构成的单位。[①] 无论是引子部分还是注释部分，字数多寡不拘，短可一字，长可数字，一字的如“老道的房子——妙（庙）”“鞋底儿抹油——溜”，多字的如“大水冲了龙王庙——一家人不认识一家人”“武大郎卖豆腐——人软货不硬”。引子、注释多数由多字的单小句独立构成，少数由双小句构成（如“捉鳖的下了塘——不但吓坏了王八，也急坏了黄鳝”）。由单小句构成的引子或注释，其长度一般以一个惯用语的长度为限，很少有超过十字的。

### （六）谚语和谣

谚语是人们在对生产、生活经验总结的基础上形成的或是劝诫讽喻性的言简意赅的凝固性语句。谚语在古代学者眼里是承袭自古代的，所以《说文》说：“谚，传言也。”段玉裁注：“传言者，古语也。”对生产、生活经验进行总结的谚语多是先人创造而后流传下来的，如“葱怕雨淋蒜怕晒，大堆里头烂白菜”；劝诫讽喻性的谚语，有一些是对现实现象的及时反映，

① 温端政. 歇后语. 北京：商务印书馆，1985

很难看做“传言”和“古语”，或者应说段氏所谓的“古语”的“古”，不能理解为古代的“古”，而应理解为与“今”相对的“古”。距今遥远（如千万年）自然是古，距今不远（如百十年甚至更近）也同样是古。现代当然亦可产生谚语，而且现代的谚语一如古代，也是先在大众口头流传而后才被一些书面文献引用，继而收入谚语类的工具书。这是从谚语的流传方式的先后上说的。从谚语的采集过程上看，古今亦无大别：古代是采风以知民情，现代的一些谚语（尤其是劝诫讽喻性的谚语）的采集也反映出政府对民意的重视态度。据报载，中共中央纪律检查委员会把采集民谚作为考察地方干部德行的一个渠道。

可见，谚语的长度不像字、词、成语、仂语那样规整，也不像惯用语、歇后语那样为一定的形式所限制。日常所见所用的谚语固然多是长度较短的单句（如“朝里有人好做官、舌头底下压死人”），但也有相当数量的谚语由两个或两个以上的小句构成，如“官不打送礼的，狗不咬拉屎的”“马看牙板，树看年轮，人看言行” “牛耕田，马吃谷，自己养崽，别人享福”。《通俗编》所收的最长的谚语是由八小句32字构成的“春雨甲子，赤地千里；夏雨甲子，乘船入市；秋雨甲子，禾头生耳；冬雨甲子，牛羊冻死”。如此看来，谚语的长度似乎是没有限制的。之所以如此，可能与谣这类单位密切相关。在古代，歌和谣不是一种事物，《诗·魏风·园有桃》中有“我歌且谣”，毛传中有“曲合乐曰歌，徒歌曰谣”。“曲合乐”的歌，不易转化为谚，“徒歌”的谣却很容易转化为谚，因为谚无须“曲合乐”。后世“谣谚”的合称，或许正反映出这两种事物相近而最终变成你中有我、我中有你的事实。谣可长可短，谚语的长度也没有硬性的规定，它们都只为两个因素——对称和叶韵所制约。对称和叶韵能使人的记忆得以强化，而记忆的限度又不容许谚语的长度无限膨胀和扩张。

**（七）其他**

名言、格言和警句很难作为独立的熟语类别存在，或可看做谚语的次类。谚语中表劝诫和祝颂的，倘若出自名人之口，即成为名言，倘若惊警性较强，即成为格言或警句。既然如此，名言、格言和警句的长度也就与一般的谚语的长度相类。

一般来说，词的长度比熟语的长度短小一些，普通词的长度比专有名词的长度短小一些。但是，熟语也好，专有名词也好，都还是有一定的长度限制的。其他语言的词长，未必与汉语遵从着同一的规律，有的词长得不可思议，如 2008 年 9 月 4 日新浪科技网载文称世界上第一长的地名由泰文 163 个字母组成：Krung thep maha nakorn amorn ratana kosinmahintar ayutthay amaha dilok phop noppa ratrajathani burirom udom rajaniwesmahasat harn amorn phimarn avatarn sathit sakkattiya visanukamprasit。

# 第三章

## 复杂的关系，独特的构造

### 造词法

# 一 取材不同，方法有异

## ——造词方法种种

新词新语常常在人们不经意间冒出来，给人的感觉仿佛是一夜之间新的词汇单位便如雨后春笋般滋生。其实，一个词汇单位可能出现得很“神速”，但其创造过程却如一个婴儿从孕育到诞生，是一项非常复杂的工程。如伴随大批留学海外的人员回归祖国服务，汉语中新造出一个词“海归”，“海归”谐音“海龟”而来，带有谐谑的味道。留学海外的人员回国后，有的很快就业创业，有的则在一定时间内等待就业。“海归”的待业，不同于国内普通人士的待业，于是又谐音“海待”（“海龟”+“待业”）造出“海带”一词。留学海外回国服务的人员中的高学历人才被称为“海龟”，国内高校自己培养的高学历人才又被戏称作“土鳖”。由此不难看出造词的复杂性。

每个词都有其各自的历史，每个词的创制都须取适宜自己之材，需一定的方法。这方法因时、地、人等因素的不同而有所不同，对其进行分析、归类，可使人在造新词时有所遵循。现代汉语新词新语创制的方法主要表现在音、义、形三个方面。

### （一）语音孳生法

1. 音近衍生法

新词总与此前已有的某个或某些词有着相似的样貌，其中语音上的近似是较为普遍的现象。如“三更半夜”说成“深更半夜”，但“半夜三更”不可说成“半夜深更”，或可说明“深更半夜”是受“三更半夜”影响而产生的：“三”“深”音近。再如“摩挲”音 māsā，义为“用手轻轻按着并一下一下地移动”；“摩挲”音 mósuō，义为“用手抚摩”，两者也是音近衍生。

谈到音近衍生，自然会涉及哪个词先出哪个词后出的问题。有些词语谁从谁出是了然的，如“尺有所短，寸有所长”出自屈原《卜居》：“夫尺有所短，寸有所长，物有所不足，智有所不明，数有所不逮，神有所不通。用君之心，行君之意，龟策诚不能知此事。”后世较早的引用如：“鄙谚云：‘尺有所短，寸有所长。’白起料敌合变，出奇无穷，声震天下，然不能救患于应侯。”（《史记·白起王翦列传》）而“尺短寸长”较早的用例为宋代苏轼的《定州到任谢执政启》：“燕南赵北，昔称谋帅之难；尺短寸长，今以乏人而授。”“寸长”较早的用例为苏轼的《湖州谢上表》：“凡人必有一得，而臣独无寸长。”后两词语明显出自第一个句例。“金城汤池”和“固若金汤”，大概是先有“金城汤池”后有“固若金汤”，因为“金”“汤”应该是先作为修饰性成分后才作为中心成分的。而有些词语谁从谁出，则不那么了然。如“打劫”“打家劫舍”《现代汉语词典》都收录了，然两词谁从谁出，实难遽定。再如，唐代设有“左拾遗、右拾遗”的职官，成语有“拾遗补缺”。究竟是先有职官名还是先有成语，两者谁从谁出，恐怕需严加考辨。

2. 音变孳生法

音变往往是语音的历史变化，这种历史音变常会导致后世的人依据变化后的语音形式重造新词。如“角落”的中古音与今不同，尤其是“角”的声母不是现代的舌尖音而是舌根音。“旮旯”是根据“角落”的中古音造出的，新造字使新词固定了下来。再如北方农村常见村名为“赵各庄、李各庄”，其实应该写作“赵家庄、李家庄”，这是由于“家”在中古之前声母是舌根音而不是现代的舌面音。这样的语音变化导致了“赵各庄、李各庄”的孳生。

3. 歧音造词法

歧音指的是一字多音的现象。造词者不明就里或将错就错，都可能借另一音造出另一词。如“角色”本读 juésè，但由于“角”字还有一个 jiǎo 的读音，而这个读音又恰恰是常用的，于是因百姓常把“角色”俗读为 jiǎosè，于是就造出了一个书写形式上的词“脚色”。

4. 分合造词法

分合造词法的分合指分单音字为复音词或指分单字词为复字词，前者如“孔”分化为“窟窿”，后者如“兵”拆分为“丘八”。分合造词法的合则指将复字词合为单字词。如“叵”由“不可”合成，“诸”由“之于”或“之乎”合成，“俩”由“两个”合成，“仨”由“三个”合成。

5. 谐音造词法

所谓谐音，有的是直接谐某个已有的词的音，如“诈弹”由谐音“炸弹”造成，“韩流”由谐音“寒流”而成。有的是词的构件分别谐音，合成新词后再与某词的音相谐。如中国国家跳水队有一对出色的男女运动员，男的名叫田亮，女的名叫郭晶晶。因为他们是俊男靓女，又都极为出色，因此大家唤他们为“亮晶晶”。“亮晶晶”本是一个现成的词，用在这里作为田亮和郭晶晶的合称，也极为贴切。再如演员赵本山和宋丹丹是中国小品界的一对绝配，从“白云”、“黑土”这两个角色在春晚亮相起就广受瞩目，备受欢迎，人们将他们的组合称作“山丹组合”。而“山丹”让人们联想到开花红艳艳的“山丹丹”。这种造词的方法很早就产生了，据2009年11月9日《东方早报》发表的《宋美龄传记〈最后的女皇〉在美国出版》一文披露，1927年12月1日蒋介石、宋美龄在上海举行婚礼，这一结合在当时曾被一语双关地称为“（蒋）中（正）（宋）美（龄）合作”。这种造词方法目前在汉语的其他社区也同样存在，例如同属民进党的杨秋兴和陈菊，在2010年同时提出竞选下一任高雄市市长，后二人被人们合称为“秋菊”。

**（二）仿拟类推法**

1. 利用相同、相近的字仿拟类推造词

如由“大哥大”造出“大姐大”，由“导演”造出“导播”，由“唾手可得”造出“垂手可得”，由“西施”造出“东施（效颦）”。类推不仅发生在汉语已有的词语上，在外来词上亦时有发生，如由“黑客”（英语 hacker）类推造出“红客”。

2. 利用相近同或有关联的语意仿拟类推造词

如由“下载（download）”类推出“上传”，由“狗不理（包子）”仿拟造出“猫不闻（饺子）”“鸭不睬（锅贴）”“猴不吃（麻花）”，由“砵仔糕”（香港）仿拟造出“碟仔糕”（澳门）。需要说明的是，类推造词并非必得是先有表示切近事物的词语再类推创造出表示非切近事物的词语，而可以相反。如语言中先出现“外星人”，再反向类推创造出“地球人”。在“地球人”一词出现前，一直就用“人”来表示地球上居住着的这种高级动物；而当虚拟的“外星人”出现后，就又造出“地球人”来确指地球上的这种高级动物。

3. 利用相同相近的音仿拟类推造词

如根据“幸福”造出“性福”。仿拟造词还有可能与外语成分有关，如日本负责全国公安工作的部门名曰“警事厅”，山西电视台一个法制节目，栏目名称为“警视听”。根据日本的“宅急便”，中国不少城市出现了印有“宅急送”字样的特快专递公司的汽车。

造词可造成谐谑的效果。如“白骨精”本是《西游记》中的一个人物形象，是狡诈的、欺骗性很强的妖精。如今的一些成功女士也被人戏称为“白骨精”。然而这个“白骨精”却是由“白领、骨干、精英”三个词中各抽出一个代表字构成的。“一塔湖图”是一座宝塔、一泓湖水和一座图书馆的简略说法，概括了中国百年名校北京大学校园内的景观或标志性建筑，与“一塌糊涂”谐音，倒也有趣。

**（三）避讳法**

避讳法是弃不易被人感情上接受的原词而改为易被人感情上接受的新词的方法。常见的避讳法主要有两种，一种是避凶趋吉，一种是避俗趋雅。

所谓避凶趋吉，就是造词时尽可能使用吉利的字眼而避免使用不吉利的字眼。如死亡被视为不吉利，所以造词时便尽可能回避“死”这样的字眼，影响所及，连一些与“死”字音近的字都要避讳。如在不少地区高层建筑的电梯间中，各楼层的按钮没有“四”字，代之为“F”，或干脆略去“四”层，由“三”层直接升到“五”层。

所谓避俗趋雅，就是造词时尽量使用高雅的字眼而避免使用俚俗的字眼。如排泄粪便被视为不雅，与之有关的词需要避讳，因此“厕所”变为“卫生间”，又变为“洗手间”，再变为“化妆室”，将来说不定还会变出更新的说法。再如北京的高义伯胡同从语源上看实为“狗尾巴胡同”，台湾的基隆旧名就是“鸡笼”。

### （四）喻借法

不以直接的方式而以比喻、借代的方式曲折地反映所指的客观对象的词语，称为喻借词语，喻借词语造就的方法即喻借法。语言中的不少词语，都是直接反映所指的客观物件的，如“肥效”，是肥料的效力，“人造冰”，是用人工方法降低水的温度而结成的冰。语言中还有一些词语，不是直接反映所指的客观物件，而是借彼喻此，以他物状此物，用比喻的方式曲折地反映所指的客观物件，谓之比喻词语。如“蛇行”不是蛇在行走，而是人或蛇之外的其他动物像蛇似的全身伏在地上爬着前进，“葡萄胎”不是葡萄的胎儿，而是一种妇科病症，指妇女受孕后胚胎发育异常，在子宫内形成许多成串的葡萄状小囊。以借彼喻此的方法创制词语由来已久，如“剜肉补疮”出自唐代聂夷中《咏田家》诗：“二月卖新丝，五月粜新谷；医得眼前疮，剜却心头肉。”这说的不是真的剜心头肉医眼前疮，而是说只顾眼前，用有害的方法去救急，就仿佛从自己身上挖掉一块好肉去补疮口。“缘木求鱼”出自《孟子·梁惠王上》：“以若所为求若所欲，犹缘木而求鱼也。”这说的不是真的爬到树上去找鱼，而是说办事情方法不对头，劳而无功。

比喻词语之外，还有以借代的方式构成的词语——借代词语。如“丝竹”，《现代汉语词典》的解释是：“琴、瑟、箫、笛等乐器的总称，丝指弦乐器，竹指管乐器。”因为琴、瑟等弦乐器的弦是用丝制作的，箫、笛等管乐器的管是用竹子制作的，遂用原料“丝”、“竹”代本体弦乐器、管乐器，是为借代词。再如“红袖添香”这个成语，是“美人伴读”的意思。“红袖”是物，无法“添香”。这里用“红袖”代美人，该成语就是以特征代本体的方式构成的借代成语。还有用拟人法造出来的词——拟人词语。如“吐穗”是指小麦等农作物抽穗，“吐”字将非动物动物化了。“孕穗”是指水稻、小麦、玉米等农作物的穗在叶鞘内形成而尚未抽出来。再如，“歇枝”指果树在大量结果的次年或以后几年内，结果很少，甚至不结果。《说文》：“歇，息也。”段注：“息着，鼻息也。息之义，引申为休息。故歇之义引申为止歇。”可见，“歇”是指人的动作，或至少是指动物的动作行为，不指植物。“歇枝”的“歇”将非动物动物化了。

### （五）简缩法

1. 合词造词

合词造词是从已有的不同的词中各选取一个字重新组合成一个词，如“配军”由“发配、充军”合词造成，“封建”由

"封土、建国"合词造成。合词造词法在古代是一种较为常用的造词方法，在现代更是一种非常能产的造词法。如：

民调（民意调查）　频密（频繁密切）　社保（社会保险）

维权（维护权益）　医保（医疗保险）　足彩（足球彩票）

2. 截字造词

截字造词是将短语中并不相邻的字截取出来搭配组合成词，如"衰竭"，取自《左传》"再而衰，三而竭"。截字造词法在古代曾是一种较为普遍的造词方法，此法常被用来造出文化色调浓郁的"文化词"，如"翘楚"（《诗经·周南·汉广》"翘翘错薪，言刈其楚。"）、"乔迁"（《诗经·小雅·伐木》"出自幽谷，迁于乔木。"）。截字而成的词，常见的是截取自并不相邻的语段的，如上所举例，也有的截取自相邻的字而成，如"殷鉴"（《诗经·大雅·荡》"殷鉴不远，在夏后之世。"）、"红杏出墙"（宋代叶绍翁《游园不值》"春色满园关不住，一枝红杏出墙来。"）

**（六）数字概括法**

所谓数字概括法，是说用数字与他字组合成词语的方法。这样的方法也古已有之，如"四书""六合""岁寒三友""九五之尊"。宋人王辟之《渑水燕谈录·才识》记载："苏氏文章擅天下，目其文曰三苏。盖洵为老苏、轼为大苏、辙为小苏也。""三苏"的称号即由此而来。近现代以来，以此种方法造出的词语更多，其中不乏属于个人的言语现象，如"三同"是20世纪50年代初至80年代初颇为流行的一个词，义为"（干部或知识青年下到工农中去时，与工农）同吃、同住、同劳动”，但在下边的文章里，“三同”却有不为大众所知的意义：

我与张友鸾先生互称“三同”，有我们的典故，是指我们被宣布划为右派（1958 年），宣布摘去右派帽子（1961 年），宣布改正右派错划（1979 年），三次的宣布都在同一时间场合。（舒芜《忆“三同”张老》，《炎黄春秋》，2004 年第 9 期）

数字和姓氏可以构成概括性的结构，但是这样的称述可能有概括的人不相一致的情况。如钱学森、钱伟长、钱三强被称为“三钱”，而 1999 年表彰的“两弹一星”23 位元勋中的“三钱”，却为钱三强、钱学森、钱骥。

数字概括法还可以由汉字和西文字母一起构成。如“三 S 政策”是 smile（微笑），sight（眼神），skinship（接触）；“三 S 研究会”即 Smedley（史沫特莱），Strong（斯特朗），Snow（斯诺）研究会；“三 Z 女人”中的“Z”是汉语“姿色、知识、资本”每个词中第一个字汉语拼音的第一个字母。著名学者潘光旦在“文革”期间曾用“三个 S 政策”来表示自己的消极抵抗态度：“第一个 S 是 submit 服从，第二个 S 是 sustains 坚持，第三个 S 是 survive 生存。”（燕妮《从潘光旦的腿说起》，《传记文学》，2005 年第 8 期）

### （七）合称法

由合称的方法造就的词，叫做合称词，如“土石方”是“土方”“石方”合称的词，“土特产”是“土产”“特产”合称的词。英语中的 brunch 是将 breakfast（早餐）和 lunch（午餐）合起来构成的一个新词“早午餐”，liger 是将 lion（狮子）和 tiger（老虎）合起来构成的一个新词“狮虎兽”。合称词在地名词中有所表现，如“旅大”是旅顺、大连的合称词，“安徽”是安庆、徽州的合称词，“襄樊”是襄城、樊城的合称词。2008年11月18日新浪博客载文《美国人发明了一个英语新词Chimerica（中美国）》，说拿英语中的单词Chinese（中文）、China（中国）和其他的语言、国名拼起来就可以形成新词，如Chinglish就是Chinese与English的合成词，表示“中式英文”。美国《商业周刊》撰稿人皮特·恩加迪奥（Pete Engardio）对中国和印度的崛起深信不疑，将China和India合成创造了Chindia一词，不妨翻译为“中印度”。经济史学家尼尔·弗格森（Niall Ferguson）又把China和America合并出Chimerica这个英语新词，即“中美国”。普通名词也存在类似的情况。如mook为英文magazine book的简称，是magazine和book的合写。

合称词要与合称区别开来。合称词是将两种或两种以上的事物合为一个词，合称则是将两种或两种以上的事物放到一起称说，如“子侄”是儿辈和侄辈的合称，“湖广”是湖南、广东的合称，“京津沪”是北京、天津、上海的合称，“北上广”是北京、上海、广州的合称。合称不见得都不为语文辞书所收，如“卫浴”就为《现代汉语词典》第5版所收，释为“卫生间和浴室的合称”。

以上说的是造词的方法，可见造词法跟构词法不是一回事：造词法讲的是词如何取材、如何创制的方法，构词法讲的是词的结构关系，两者有联系却非同一。

一个词汇单位被语言社会创造出来，总是因为有需要。需要，是一切新词新语被创制出来的原动力。一个词汇单位从被造出到为社会普遍接受需要一个过程，这个过程可能会很长，也可能在较短时间内完成。一个词汇单位一旦为社会所需，尽管在它被承认的问题上可能存在障碍，尽管它被承认的路途可能会很漫长，尽管它因构造上或其他方面存在的种种缺陷而遭人诟病，它也会冲破阻碍脱颖而出，并最终得到全社会的认可。如“国脚”在20世纪80年代刚刚出现时曾引起一些人的质疑，认为语言中已有“国手”，大可不必再造这么一个“国脚”。然而如今“国脚”却已成为了大众耳熟能详的一个常用词。

## 二 鲸鱼不是鱼，联合国不是国
### ——造词的有理性和无理性

词在创造之初，一般都具有理性，因为不具有理性则在时人的语言心理上是通不过的。但有理性不意味着合理。如鲸鱼不是鱼，而是哺乳类动物；犀牛根本不属于牛所在的偶蹄目，其实是一种奇蹄目动物，与马的血缘更近；角马并不是马，而是一种大羚羊；联合国不是哪个国家，而是处理各个国家事务的一个国际性组织。随着时光的流逝，一些词的构成理据在后人的心目中模糊了，后世的人由此认为一些词的构造不具有理性而具无理性。如“龙眼”在《现代汉语词典》中有两个义项：“常绿乔木，羽状复叶，小叶椭圆形。花黄白色，圆锥花序。果实球形，外皮黄褐色，果肉白色，可以吃，味甜，也可入药。产于福建、广东等地；这种植物的果实。”又以“也叫桂圆”的方式表示“桂圆”只是“龙眼”的异名同实词。《现代汉语词典》在“桂圆”条下果然仅注以“龙眼”二字。其实在不少人心目中“龙眼”是不同于“桂圆”的，前者是鲜的水果，而后者却是该水果制成的干果。造词之所以会有不同的理据，也有方言因素的影响。如“馄饨”是一种面食，用薄面片包馅儿，煮熟后带汤吃。“馄饨”这个词历史久远，曾朴《孽海花》第十五回中有：“往人堆外一掷，早是一个朝天馄饨，手足乱划起来。”“馄饨”在广东等地写为“云吞”。后来“云吞”一词大举北上，大有取代“馄饨”之势，如今北方一些地区将“云吞、馄饨”都保留了下来，让它们各有所指：“云吞”指馅儿大的一种，“馄饨”指馅儿小的一种。

一些无理性的词或成分与后世的词汇演变关系密切。如“孀”本身指寡妇，后世因双音化运动产生出“孀妇、遗孀”，添附上去的“妇、遗”，对“孀”而言似乎都有蛇足之嫌，是羡余性成分，都显示着某种无理性。造词上存在着无理性，造好了的词的理据日后被一些人解释时也可能表现出某种无理性，这即是所谓的俗词源的现象。俗词源的问题，下节将专门谈及。

造词，尤其是以词语来为客观对象命名，存在着有理性和无理性之别。所谓有理性，说的是从词面上看，字的选用以及字与字的组合所显示出来的意义符合人们一般认识的常理；所谓无理性，说的是从词面上看，字的选用以及字与字的组合所显示出来的意义不符合人们一般认识的常理。有理性的词语很多，如“手枪”是手掌持用并发射子弹的枪械，“电脑”是用电子元器件及其他设备构成的自动计算装置，功能类似于人脑。无理性的词语也有不少，如“酒店”不是专门喝酒的地方，来华的日本人要明白中国的“酒店”不是日本的“居酒屋”；“饭店”不是专门吃饭的地方，来华的西方人士要明白中国的“饭店”不是英语所说的 restaurant。“酒店”和“饭店”其实分别就是日语的ホテル，英语的 hotel。

造词时字义的选用至关重要。一般来说，造表人名词时，尤其是为人选取学名时，一定要用表示庄重、大方、吉祥、典雅、聪慧、勇敢、善良、忠义、美丽等的字眼，而很少用相反的字眼，如“毒、疯、鬼、尿、傻、尸、屎、孀、死、蝎、斩”等。汉语姓名偶有用上不吉利的字眼的，但也常常再配以他字，使整个名字仍然表示吉利的意思，如“霍去病、辛弃疾”。当然，小名（乳名）不受此限，如北方小孩的乳名“狗儿、剩儿”。古代人起名，似乎比现代人更不避那些不吉利的字眼。如春秋时代卫灵公的长兄孟絷的“絷”，陆宗达《训诂简论》（北京出版社，1980 年）认为其与“辄”古音相同，就是“跛脚”的意思。低贱义的字也可用来为美好的事物命名，以加深人们的记忆，如天津的“狗不理（包子）”、安徽的“傻子（瓜子）”、青海的“狗浇尿”（一种面食）、山西的“老鼠窟（元宵）”、苏州的“奥糟面”（“奥糟”，苏州方言“脏”的意思）。

人名和地名的选字特点也昭示着专有名词造词的有理性。英语的人名翻译成为中文时，所选用的字和人的性别有较大的关系。在女性的名字中，中国人习惯用一些在汉民族文化中有柔婉、美好义的字眼，如 Martha 译作“玛莎”，Lillian 译作

“莉莲”，Sophia 译作“索非娅”，Alice 译作“爱丽丝”。在这些名字中，译者选取了常用于中文女性名字的字，来为一些本没有特定意义的音节增加女性的特征，也因此，Martha 没有翻译成“马沙”，Sophia 没有翻译成“索菲亚”，Alice 也没有译成“艾力斯”。再看男性的名字：Adam 译作“亚当”，Martin 译作“马丁”，Henry 译作“亨利”，Leo 译作“里奥”。这些用字，可以明显看出是男性的名字。从这些选字的特点中可以看到外国人名在进入汉语时被明显地汉化了，在外语中本无意义的音节在汉语特点的作用下被翻译为具有一定意义的语素，从而使从读音直接转写的音译词带有了意义。2009 年6 月25 日新浪网上有则消息，题为“千年女木乃伊身份之谜揭开：原是男儿身”，说悉尼市中心一家私人诊所对一具属于悉尼尼科尔森博物馆的木乃伊进行了 CT 扫描，获取了惊人的成果，揭开了该具木乃伊的身份。过去 150 年来考古学家认为这具木乃伊是一个古埃及女孩的遗骸，但这些最新 CT 扫描结果却证实，它其实是男儿身。一张藏在木乃伊身上的莎草纸显示他的名字叫“霍鲁斯”（Horus）。接下来文章说：

多年来，考古学家一直认为“霍鲁斯”是一个名叫“霍露丝”的女孩，在找到莎草纸以后，他的身份之谜终于揭开了。

请注意这具木乃伊的名字的用字：同样的音，名叫“霍露丝”的女孩，证实为男孩后则叫“霍鲁斯”！

任何一种语言的词语都会存在理据问题，只不过有的显有的隐。如英语的词 obstetric 意为“助产士”，但内部形式却是“最贴近她站着的人”。

缩略的词汇单位，也反映出有理性和无理性的问题。如根据联合国教科文组织通过的《保护非物质文化遗产公约》中的定义，“非物质文化遗产”指被各群体、团体，有时为个人所视为其文化遗产的各种实践、表演、表现形式、知识体系和技能及其有关的工具、实物、工艺品和文化场所。“非物质文化遗产”明明说的是物质文化遗产之一种，该词语却被略作“非遗”，真是咄咄怪事。

## 三 雅词俗解，习非成是
### ——俗词源

《上错花轿嫁对郎》是台湾作家席绢在 1995 年 3 月出版的小说，属于席绢作品“花嫁”系列，讲述的是唐代贞观年间，两位扬州美女上错花轿却意外找到真爱的奇妙故事。语言中存在着不少类似的情形：本来人们对某一个词的解释并非该词的正确意义，但是人们使用既久，习非成是，反倒觉得原本正确的解释不如错误的解释更容易接受了。望文生训，听声猜义，导致不少词语的意义得不到正确的阐释，如“杜拾遗”就被一些人理解成杜姓排行第十的女子——“杜十姨”。这样对词源进行的错误的阐释，正是俗词源产生的根本原因。

所谓俗词源，相当一部分来自对词构自的字或字义作出的非正确的解说。张永言《词汇学简论》（华中工学院出版社，

1982年）中举了一个例子，说四川大学有一个名叫“桃林村”的地方，实际上这个地方没有桃树，更不会形成林，正确的名字应该是“涛邻村”。“涛邻”是“与薛涛为邻”的意思。但是不少人习焉不察，积非成是，遂将“涛邻村”说成是“桃林村”。“桃林村”就是俗源法造就的一个词。再如，作为姓氏讲的“章”和“张”是同音词。为在口语中分辨开来，人们习惯于称“张”为“弓长张”，称“章”为“立早章”。将“张”说成“弓长张”是对的，因为“弓”是“张”字的义符，“长”是“张”字的声符；而将“章”叫做“立早章”则非是，因为“章”按照《说文》的解释，是从音从十的会意字，并非从立从早。

俗词源的问题在由古代向后代发展的历史过程中大量涌现，如明武宗朱厚照从正德二年开始建造的豹房，其地后改名为“报房胡同”，后人据“报”字将该地理解为印刷或出售报纸的胡同。再如“葡萄”，李时珍《本草纲目》解释说：“葡萄《汉书》作蒲桃，可以造酒，人酺饮之则陶然而醉，故有是名。”大量存在的俗词源现象，更多地表现在专有名词中的地名词语的命名和解释上。如有人说雷州的得名之由是这一地区经常打雷，北宋沈括在《梦溪笔谈》中说：“世传雷州多雷，有雷祠在焉，其间多雷斧、雷楔。按《图经》：‘雷州境内有雷、擎二水，雷水贯城下，遂以名州’，如此则雷自是水名，言多雷乃妄也。”（华林甫《中国地名学源流》，第214页）

俗词源的生成原因非常复杂，除古今理解不同而生成者外，亦有因方言不同造成者，如北戴河有一处名胜“鸽子窝”。该地并无鸽子，反倒有海鸥。原来当地方言将海鸥叫做“海鸽子”，“鸽子窝”的名称便由此而来。

俗词源在构词上有重要的表现，尤其是在古今不同的构词上。如汉语以“心”为语素构成的合成词为数众多，像“心理、心力、心想、心愿、心怀、心目、心存、信心、无心、在心、民心、满心、心裁”。这是因为古人认为“心之官则思”，认为心脏是主管思想的器官。汉语如此，英语亦然，以 heart 构成的合成词也有不少，如 heartache，heartbeat，heartbreak，heartland。这是因为古代西方人也像古代中国人一样把心脏视为主管思想的器官，所以丘比特的神箭射中的才是心脏而不是脑袋。

## 四 有“左撇子”无“右撇子”
### ——词语的标记

绝大多数人习惯于用右手做事，少数人习惯于用左手做事，习惯于用左手做事的人被视为异乎常人，常加标记称“左撇子”。而习惯于用右手做事的人是多数，被视为正常人，不被称为“右撇子”，语言词汇中也没有“右撇子”这个词，无需加标记，或者说是以不加标记的方式（零标记）来表示。汉语词汇中的一些合成性单位，其结构中的某个成分专起某种标注性质、提示语义等作用，该结构成分即可称为词语标记，具有该标记的词语即可称为标记词语。

标记词语并不具有分布上的普遍性，有标记词语和无标记词语所形成的二元对立的词语仅占很小的比例。词语标记也不具有分布上的普遍性，它只在该词语必须标记时才会存在，才会添附上，无需标记时则不会存在，不必添附上。被标记的单位，其本身可以是合成词性的单位，亦可以是单纯性的根词。同一论域内二元对立的词语，其地位并不对等，标记常被添附在被视为“异类”的词语上，无标记词语才被看做正常的词语。有标记是违背一般倾向的特征，即例外特征，无标记则是与一般倾向相一致的特征。汉语的词语标记有多种，从是否典型的二元对立的角度看，多表现在性别标记和其他标记的分野上。性别标记词语一般是两个词语相互对照的，而其他类别的标记词语则一般是多个词语彼此对照的，词语数量多寡不拘，可多可少，不以两个词语为常。

性别标记是语言运用中常见的现象，也是人们运用语言对事物进行分类的常见手段。如中国各级政府机构、社会团体等公布其委员会名单时，凡女性委员一般会在其姓名后以括弧加注“女”字，男性委员则无需这样做。之所以如此，原因在于女性参政者寡，需要凸显出来引起重视。当然也有相反的情形，如当学校招收的女生比例远高于男生时，校方在给学生造册时会在男生姓名后以括弧加注“男”字，女生则毋庸如此标注。性别标记词语一般是二元对立的，这是由于包括人类在内的动物的性别一般是雌雄两分的；而且这二元对立是由两个词语来实现的，此种二元对立即可视为典型的二元对立。以性别标记构成词语对立是常见现象。如男人中“才能出众的人”可称为“豪杰”①，女人则只能称为“女中豪杰”“女豪杰”或“女杰”；有“女王”“女皇”而无“男王”“男皇”，原因就在于“王”、“皇”由男性充任理所应当，一旦由女性出任，似乎就有“牝鸡司晨”之嫌；“间谍”多由男性充当，不必称“男间谍”，由女性充任时则必须加性别标记，要称“女间谍”或“女谍”；“土匪”中男性居多，因此男性的土匪不必再加性别标记称“男土匪”，而由女性充任的土匪却须加性别标记称“女土匪”或“女匪”。②

性别标记所附丽的词干未必就没有性别标记性的成分，而可能先此已有性别标记成分。如男人中本领高强、勇武过人者或不畏困难、不顾自身安危而甘为大众利益献身者可称为“英雄”，这“英雄”中的“雄”就已是性别标记。女人中具上述品质、行为或气概者，一般不径称作“英雄”，也不称作“女英”，却被称为“女英雄”。③ 男性的英雄若称作“男英雄”，这性别标记“男”无疑会被视为赘疣，因为它将与“雄”重复；而女性的英雄被称作“女英雄”，这性别标记“女”与词干上先此已有的性别标记“雄”不但不被视为矛盾，还被视为

---

① “豪杰”为“才能出众的人”，是《现代汉语词典》第5版的释义。此一释义是否过宽，似可再酌。

② 当“间谍”“土匪”“佣人”仅余基干字“谍”“匪”“佣”，再与区别性的字组合成一个复合词时，则无论男女均须加上性别标记组成“男谍”“女谍”“男匪”“女匪”“男佣”“女佣”。这遵从着复合词的结构规律。

③ 若将女性英雄称作“英雌”，似有调侃的味道。例如2009年10月6日中国评论新闻网有篇文章，标题即为“撤离阅兵村　铁娘子洒下英雌泪”。

当然。之所以如此，大概是由于之前的构词成分所示的语义已然弱化，由之所显示的性别特征已不彰显，再在其基础上添加新的成分并未使人对新旧成分产生矛盾之感。这样的词例并不鲜见，如男人称“公子”，不必称“男公子”，因为“公”也好“子”也好，似乎都在标示着男性的性别；而女人则只能诙谐地称为“女公子”。“女”和“公子”所标示的性别是矛盾的，但却并不影响“女公子”的成立。“勇士”一词也是如此。历史上勇士似乎只由男人充当（“士”其实已是性别标记），因此男性勇士不必再画蛇添足地加上性别标记“男”；而一旦有女性担当勇士，则“勇士”前就一定要加上性别标记，成为“女勇士”。“护士”一词更有趣。“士”在历史上本指男性，在“护士”一词中本应是男性的性别标记。但由于医疗机构中担当护理、照料病人工作的多是女性，因此当称说女性护理人员时径称“护士”，不必再加性别标记称“女护士”。而一旦男性担任此工作者则一般要另加性别标记“男”，称作“男护士”。[①] 不难看出，在男性充当主要社会角色的社会里，词语在标注性别标记时常见的是为女性加注性别标记，男性则以零标记的方式来表示。相反，为男性加注性别标记而女性则以零标记的方式来表示的情况则比较少见。类似的例子，如“保姆”专指女人（“保姆”的另一写法是“保母”，显见其性别特征；写作

① 莱昂斯在其 *Introduction to Theoretical Linguistics* 一书中曾就英语的事实表示，英语可说 female dog（母狗）和 male dog（公狗），因为 dog 就是不分性别的“狗”，但不能说 female bitch，也不能说 male bitch，否则不是重复就是矛盾，因为 bitch 本身就是“母狗”的意思。从上述汉语的情况不难看出，英语的情况与汉语的情况存在差异。

“姆”字，其偏旁“女”也同样是女性标记），只好称男性任此职者则为“男保姆”。更有意思的是，一些汉字本身明明是带有性别标记的，但在使用中该标记所标示的意义也会逐渐淡化，甚至消失得无影无踪。如“妖”字是由义符“女”加声符“夭”构成的，“女”符无疑是“妖”字的性别标记。然“妖”字却不常指女性，指女性时还要另加标记才成，如“女妖”。这大概也是因为妖魔鬼怪这样的角色多由男性担当之故吧。再如无论男女，当他（她）在任何形式的竞赛、竞争中胜出时都叫“称雄”；“称雄”并不专为男性所用，语言中也并未再为女性另造出一个“称雌”。无论男女，当其与他人一决胜负时都称“一决雌雄”，而负者（不论男女）都为“雌”（如“雌伏”），胜者（不论男女）皆为“雄”（如“雄起”），而不能相反。

本无性别标记或本无必要加上性别标记的词语，有时会因该词语常用于某种性别的人而染上性别的色彩，即被强制性地加上标记。如诗词作家本无所谓男女，但是中国历史上诗词作家多为男性，女性诗词作家极为罕见，因此当称说女性诗词作家时通常会加上性别标记，像薛涛是唐代“女诗人”，李清照是宋代“女词人”。反过来看，零标记词语的语义指向也会因标记词语的存在而使自身得以强化。还看上例，诗人、词人因多由男性充当，女性诗人、词人便加上“女”标记。而当“女诗人”“女词人”稳定地使用开来之后，又反过来对诗人、词人的性别指向起到一种强化的作用——零标记的男性性别指向。再如“青年”本无所谓性别，但由于历史上出头露面的青年常是男性，因此现代社会指女性青年时常常加上“女”字的标记称“女青年”。标记词语“女青年”的出现，使得零标记词语“青年”的性别指向得以强化。临时拘押未决犯的机关称“看守所”。有某市第一看守所、第二看守所，略作“一看、二看”，也有某市第一女看守所、第二女看守所，略作“第一女看、第二女看”（倘无序数词，便径称“女看”），却见不到标记为“男”的看守所；不加性别标记的看守所，就是关押男性未决犯的看守所。之所以专为关押女性未决犯的看守所加上性别标记，是因为男性未决犯和已决犯的人数远远大于女性。“女看守所”或“女看”这样的标记词语的出现，自然使得“看守所”的性别指向得到了强化。相似的例子再如“流氓”、“混混”专指男性，女性则必得加上“女”字，构成“女流氓”“女混混”。而“女流氓”“女混混”的使用，无疑又强化了“流氓”“混混”对男性的所指。当然，也有相反的例子，客机上的乘务员因多由女性担任，因此“空乘”一词多指女性，而一旦男性出任客机乘务员，就需要在“空乘”上加上性别标记“男”，构成“男空乘”。同样，“男空乘”的出现，也使“空乘”的女性所指得到进一步的强化。

# 第四章

## 词语的内部结构

## 构词法

## 一 词语的构件
### ——词根、词干、词缀、词嵌

机器由一个个零件构成，构成词语的是一个个构件。构词法是人们总结出来的词内构件组配成词的方法。

**（一）词根**

词根是充作合成词一个结构项的表示概念性意义的成分，分单纯性词根、合成性词根两类，彼此性质特点并不一致。单纯性词根即合成词中充作一个结构项的单字或其他单纯性成分，如“帽子”中的“帽”，“人民”中的“人”“民”，“蝴蝶结”中的“蝴蝶”“结”，“布达拉宫”中的“布达拉”“宫”。从使用角度看，单纯性词根有的可独立为词，如“人、蝴蝶”，有的较难独立为词，如“帽、民、结、布达拉、宫”。合成性词根即合成词中充作一个结构项的字的组合体，如“自来水”中的“自来”，“扶手椅”中的“扶手”，“人民警察”中的“人民”“警察”。从使用角度看，合成性词根有的可独立为词，如“扶手、人民、警察”，有的不能独立为词而仅是一个字的结构体——字串，如“自来”。

**（二）词干**

与主要表示概念性意义的成分——词根相对的，是主要表示整个词的语法类属等性质的成分——词缀。汉语中常与词缀相对的是词根，而不是词干。词干是一个合成词除去词尾后剩下的部分，如“老师们”，“老师”是词干（其中“老”是词缀性成分，“师”是“老”附着的词根性成分），“们”是词尾。再如英语 workers，s 是词尾，worker 是词干（其中 work 是词根性成分，er 是词缀性成分）。词缀既然是相对于词根而言的，无词根则无所谓词缀。语言中存在着无词缀附丽的词根（无词缀附丽的词根即所谓单纯词中的单字词、多字词以及合成词中的复合词。此时它已不需再称为“词根”），却不存在无词根可附丽的词缀。词根一旦为词缀所附丽即成为所谓合成词中的派生词。词缀没有单独存在的可能。词根有粘着性词根、自由性词根之别。粘着性词根如“之内、以远”，必须结合其他双字词根才可出现，如“三日之内”、“武汉以远”；自由性词根如“学校、人民”，可以结合其他双字词根（如“高等学校”、“革命人民”），亦可不与其他双字词根结合而独立存在。

### （三）词缀

词缀有历史非常悠久的，如“阙如”的“～如”，也有历史未必十分悠久的，如“嘴巴”的“～巴”。词缀虽然在古今语言中都存在，却不是与汉语相伴而生的，大概到上古末期与中古初期之交才迸发出活力，现代仍有活力的词缀多为这个时代所产生的。南朝宋刘义庆《世说新语》中就出现了一些对于当时来说是新的构词词缀，如附在词根前的“阿～、老～”等，缀在词根后的“～子、～头、～者”。词缀从历史纵向的角度看可分为三种情形：第一种是古代以该词缀构成的词语现代仍旧袭用，但现代已不再用该词缀另外构词造语，除非是仿古之作，如“有苗、有清”的“有～”；第二种是古代现代都用该词缀构词造语，如“桌子、刀子”的“～子”；第三种是近现代才用该词缀构词造语，如“申遗热、武侠小说热”的“～热”。这个“～热”因为所构成的多非词而是语，称“语缀”似更妥帖。而“～巴”这样的后缀因为所构成的多是方言性、口语性较强的词，如“干巴、锅巴、盐巴、皱巴、眨巴、窄巴、撅巴”，似可称为方言词后缀或口语词后缀。

词缀大都是由词根演化来的。整个词缀现象处于演化的过程之中，其中的一些成分是演化终结的成分还是演化中的成分需分析判定，不能一概而论。演化终了的词缀可称为典型词缀，演化中的词缀可称为非典型词缀或准词缀、类词缀。一个成分被判定为典型词缀，需满足三个条件：一是具定位性。它不可既出现于词首位置又出现于词末位置。像“同”，既可将另外一些字置诸其后组成“同样、同事、同时、同学、同岁、同心”等词，又可将一些字放在它的前面组成“雷同、类同、相同、伙同、会同、下同”等词，因此“同”绝无词缀的资格。二是具充足的复呈性。需有相当一批的词都以它为构词要素，它才算具备词缀的条件。如“耦”字只能与后附的“合”字组成“耦合”一词，“耦”绝无后置的机会。但是“耦”虽具备这种定位性，却不具备充足的复呈性，因而难有词缀的资格。三是其主要作用是标示整个词的语法类属，而不主要是表示概念性的意义。准词缀是人们在用词缀的尺度对一些构词成分严格衡量之后，落选下来的那些既非严格意义上的词缀又非普通词根的成分。它们或者不具有严格的定位性，词首词末位置游移不定；或者有一定的复呈性，却又比典型词缀的复呈性差；

或者在对整个词的语法类属具有一定的标示作用的同时有着较强的概念性意义。如：名词准词缀“初～”，所构成的词如“初一、初九”，动词准词缀“～有”，所构成的词如“保有、持有、带有、犯有、领有、享有、拥有”。话虽如此，真正用此标准将典型词缀与准词缀严格区分开来却也并非易事。原因在于，由词根向词缀的演化是一个渐进的过程，这个线性的过程是由无数个点构成的，很难遽然在此处或彼处划下一条截然的界限来。拿第二条标准来说，何谓充足的复呈性？可与很多字组合可称作充足，只与几个字组合便不可称作充足？都还有待研究。

词缀作为一种构词成分，不见得只能是本语言出产的，它也可能受其他语言的影响，是舶来的。如汉语近代以来为吸收西方的科技成果，翻译西方用派生法构成的术语，词汇中陆续增加了一些因仿照西方语言而造出的构词词缀，如“～化”、“～性”等；还有直接照搬文字体系与汉语近似的语言的构词词缀，如从日语借入的“～手”。

上面所举词缀，或加诸词根末尾，或置诸词根前端。位置在词末的词缀称作后缀或尾码（旧称词尾），如“～子、～儿、～头”；位置在词首的词缀称作前缀或首码（旧称词头），如“老～、阿～、有～”。汉语中有无中缀，是个棘手的问题。参照以上为首尾码所定的三条原则，“乡巴佬、眼巴前”的“巴”，“中不溜、乐不得”的“不”，似可认定具有中缀的资格。[1] 有学者认为“荒乎其堂”的“乎其”是中缀，是完全正确的。[2] 中缀如果存在于汉语中，它的标准应是：不附丽于前后任何一字，具有一定的复呈性，主要标示语法意义。

**（四）词嵌**

词嵌有别于词缀。它没有什么具体的语法意义，更无词汇意义，它的作用只在于为某种格式延展词长，凑足音节，如“糊涂”被说成“糊里巴涂”，其中的“里巴”可视为词嵌。

## 二 无头的蜈蚣再长也不是活物

### ——字串和多字词

字串，亦可称作词串，它有成词、不成词两种情形。成词的字串包括成词、成语（构成固定短语）的两种字串，成词的如“笔记、水龙头、被选举权”，成语的如“上下其手、坐山观虎斗、水至清则无鱼、百无一用是书生”；不成词的字串包括在更大结构内充当构成成分、一旦离开这个更大的结构体便可独立成词的字串，如“火力点”的“火力”、“合成洗衣粉”的“合成、洗衣粉”以及只在一个更大结构体内充当构成成分，一般没有可能独立出来成词的字串，如“火烈鸟”的“火

① 周荐. 论词的构成、结构和地位. 中国语文，2003（2）
② 吕叔湘. 汉语语法分析问题. 北京：商务印书馆，1979

烈”（或“烈鸟”）、“扫堂腿”的“扫堂”（或“堂腿”）。字串可以是由有义汉字构成的，如“铆钉枪”的“铆钉”、“极乐鸟”的“极乐”；可以是由有义汉字与无义汉字一起构成的，如“反坦克炮”的“反坦克”、“闷葫芦罐”的“闷葫芦”；亦可以是由无义汉字或弃义汉字构成的，如“背旮旯”的“旮旯”、“阿耳法粒子”的“阿耳法”。

无论是成词成语的还是不成词不成语的字串，双字格、三字格、四字格都很常见。而在双字格、三字格、四字格三种类型中，双字格是最强势的格式。这一点不仅可从双字格数量远超三字格、四字格上看出，也可从下面一点看出：构成三字、四字乃至更多个字的词汇单位的构件，主要是双字的而非三字、四字的，如“垃圾邮件”的“垃圾”“邮件”，“明日黄花”的“明日”“黄花”，“蚂蚁啃骨头”的“蚂蚁”“骨头”，“竹筒倒豆子”的“竹筒”“豆子”。

双字格在上古甚至远古汉语中即已出现，那就是多为联绵性的专名，如“颛顼、阖闾”，少数或可视为非联绵性的，如“神农、轩辕”。中国古代帝王们的年号多由两个字构成。据统计，从汉武帝刘彻的“建元”到清逊帝溥仪的“宣统”，224位帝王的500个年号中，由两字构成的有490个，占总数的98%；由三字构成的只有3个，由四字构成的只有7个，两者加在一起仅占总数的2%。庙号也一样。上述帝王的216个庙号中，由两字构成的有177个，约占总数的81.94%；由三字构成的有38个，约占总数的17.59%；由四字构成的只有1个，仅约占总数的0.46%。

汉族的复姓都是双字的，没有超过双字的。从来源上看，复姓多是外来的，如“上官、诸葛、令狐、皇甫”。复姓加上一两字的名，遂成三四字的姓名。为双音节化，可单说姓或名，亦可取复姓之一字再结合一字之名，如“司马迁”称“马迁”，“左丘明”称“丘明”。双字地名也有不少是外来的，如“无锡、龟兹、牂牁、角直”。双字人名亦有繁盛的表现，上古至中古，人们的姓多为单姓，名也多是单名，这就构成了双字姓名，如“嬴政、刘邦、曹操、李渊、赵构、朱棣、杜甫、陆游、岳飞、朱熹、海瑞”。单姓单名合为双字姓名的情况在上古尤其普遍，《三国演义》里的人物，除由“诸葛、司马”这样的复姓单名构成的姓名超过双字外，其他人多为单姓单名合成的双字姓名，如“曹操、董卓、关羽、姜维”，即使是父子、祖孙，也同样都是双字姓名，如“刘备、刘禅”“曹操、曹丕、曹植、曹睿”。

缩略常常表现为双字。如在中国现代史上著名的《何梅协定》，“何”指国民政府的代表何应钦，“梅”则指日本侵略军的代表梅津美治郎。但是，“何”固为何应钦的姓，“梅”却非梅津美治郎的姓，“梅津”才是他的姓。再如当下人们常说的俄罗斯政坛的“梅普组合”，“梅”指梅德韦杰夫总统，“普”指普京总理。

晚近以来所出现的职衔名多是双字的，在职衔与单姓组合时，为使组合后的单位仍为双字，常将职衔略作单字，再与单姓组合成双字，如李姓的处长称“李处”，冯姓的局长称“冯局”。这样的称谓虽不很正式，但却并非不尊重，而更予人平等的感觉。顺便说一下，各级干部职位和各类技术职称的副职在称说时一般都不加“副”字，如聂姓的副部长称“聂部长”或“聂部”而不称“聂副部长”或“聂副部”，郑姓的副院长称“郑院长”或“郑院”而不称“郑副院长”或“郑副院”，除屈己尊人的心理使然外，尽量使词汇单位的形制短小也是一个重要的原因。当然，如果是地位极高的职位，特别是独一无二的职位，尽管是副职，也不能省略掉“副”字，如某姓副总统不能称作“某总统”而必须称作“某副总统”，某姓副总理也不能称作“某总理”而必须称作“某副总理”。

外国的国名，有的取音译成分再加“国”构成，有的不是，如：美利坚留“美”加“国”成“美国”，英吉利留“英”加“国”成“英国”，法兰西留“法”加“国”成“法国”，早无异议；意大利留“意”加“国”成“意国”，葡萄牙留“葡”加“国”成“葡国”，加拿大留“加”加“国”成“加国”，似不普遍；伊拉克留“伊”加“国”成“伊国”，“埃及”留“埃”加“国”成“埃国”，阿富汗留“阿”加“国”成“阿国”，罗马尼亚留“罗”加“国”成“罗国”，更使人难以理解。这或许因为“伊国”难辨“伊拉克”还是“伊朗”等国，“埃国”难辨“埃及”还是“埃塞俄比亚”等国，“阿国”难辨“阿富汗”还是“阿拉伯酋长国”等国，“罗国”难辨“罗马尼亚”还是“罗得西亚”等国。此外，如果不加“国”而径用单字简称，可能会造成误会。如2010年7月18日《渤海早报》第8版刊出一篇题为“查韦斯威胁与哥断交”的消息，令读者误以为是委内瑞拉总统查韦斯要与其兄长断交。

再阅正文，乃知查韦斯是要与哥伦比亚断交。“哥”是哥伦比亚的简略说法。如果文章标题写作“哥国”，就不太可能造成这样的误会了。外国人名，有的取音译成分再加他字构成，如“戈尔巴乔夫”留“戈”加“氏”成“戈氏”，“贝克汉姆”也被不少喜爱他的中国足球迷称作“小贝”，“莎士比亚”留“莎”加“翁”成“莎翁”，“萨马兰奇”留“萨”加“翁”成“萨翁”。

## 三　麻雀虽小，五脏俱全
### ——复合词复杂的结构方式

现代汉语词的结构关系十分复杂。对其的研究可以双字复合词作为对象展开，因为超过双字的复合词的结构关系多是在双字复合词的基础上生成的；同时，非复合词的结构关系远不如复合词复杂。现代汉语的词的结构关系可归纳为以下几大类。

**（一）定中格**

定中格的两字中，一个是全词的中心意义，表事物现象等，另一个起修饰、限定的作用。这类词，绝大多数是起修饰、限定作用的字在前，被修饰、限定的字在后；少部分是起修饰、限定作用的字在后，被修饰、限定的字在前。两字可能都是实指的，如“熊掌、池盐”，也可能一者为实指一者为虚指，或两者皆为虚指，如“剑眉、瓮城”。虚指的成分，往往透射出造词的无理性。定中格词起修饰、限定作用的字多为名词性的字，如“褥疮、皇宫”，但形容词性的字也有不少，如“黑人、少妇”，还有一些是动词性的字，如“产妇、蛀虫”。

定中格词中有一些逆序的词，它们用作修饰、限定的字位置在后，被修饰、被限定的字位置在前，如“宅院”是带有院子的宅，“氛围”是包围着的气氛。

**（二）状中格**

状中格的两字，一个是全词的中心意义，表动作行为或性质状态，另一个起修饰、限定的作用。这类词绝大多数是表中心意义的字位置在后，表修饰、限定的字位置在前，少部分顺序相反。状中格词中位置在后的字多数由动词性的字充当，如“阵亡、水遁”，少数可由形容词性的字充任，如“火红、雪亮”。状中格词中位置在前的字多数由名词性的字充当，少数可由形容词性的字（如“长眠、久留”）、动词性的字（如“跃进、点射”）甚至副词性的字（如“不符、不安”）充任。

状中格词中还有一些逆序的词，它们修饰、限定的字位置在后，被修饰、被限定的字位置在前，如“洗三”是在婴儿出生的第三天为其洗浴，“卧病”是因为生病而卧床。

**（三）支配格**

支配格的两字，前字表支配，后字表前字所支配的对象。这类词绝大多数前字由动词性的字充当，后字由名词性的字充任，如“下海、通天”。但也有一些词，后字不是由名词性的字充任的，如“破五、抹黑”。由名词性的字充任的后字，多数是前字直接支配的客体，但也有一些词的后字却非前字直接支配的客体，而是以摹形摹状权作前字的客体，如“勾乙、叫好”。一般来说，后字是发出前字动作的主体所支配的客体，是受事，但是也有一些词的后字却是发出动作的主体，是施事，如“摇头、倒嗓”。绝大多数前字表示的是动作行为，但也有少数表示的是性质状态，甚至本身就是事物对象，如“多情、短路”。

支配格词中还有一些是逆序的，即表支配的字位置在后，表被支配的字位置在前。它们一般是古代汉语在现代汉语中的遗留现象，如“何以、庖代”。

### （四）递续格

递续格的两字都表动作，一种情况是 V1、V2 两个动作以发生的时间为序，V1 在先，V2 在后，如“割据、拆洗”；另一种情况是，V1、V2 两个动作的发出者和支配对象都不同，但 V1 的发出者是 V2 的支配对象，V2 的发出者又是 V1 的支配对象，如“请教、托管”。

### （五）补充格

补充格的两字，前字表动作，后字对前字的动作进行补充说明。或者以结果补充说明，如“冲决、处死”；或者以趋向补充说明，如“纳入、撤回”；又或者以状态补充说明，如“放松、禁绝”。

### （六）陈述格

陈述格的两字，前字是陈述、说明的对象，后字是陈述、说明的部分。前字多数是由名词性的字充当，如“位移、肠断”；少数由非名词性的字充任，如“有如、两抵”。

### （七）重叠格

重叠格的两字形、义皆同。它们或都是名词性的字，如“爹爹、兜兜”；或都是动词性的字，如“谢谢、痒痒”；或都是形容词性的字，如“寥寥、微微”；又或都是副词性的字，如“统统、恰恰”。

### （八）联合格

联合格的两字关系密切，或意义相同、相近，或意义相反、相对。无论意义关系如何，它们或都是名词性的字，如“弩弓、湖泽”；或都是动词性的字，如“替代、婚嫁”；又或都是形容词性的字，如“巨细、遐迩”。

### （九）其他

两字间若没有以上八类复合词所具的意义结构关系，它们或是截取自古代文献上的语句，或纯属意合，单凭字面难以稽考，或虽明了其意义却无法就其结构关系进行归类。这些词结构类属未定，统归之于其他类。如：

冠军：《汉书·地理志》应劭注：“武帝以封霍去病，去病仍出匈奴，功冠诸军，故曰‘冠军’。”

驴骡：（公马）母驴所生的骡子。

以上几种词归入哪种结构类型都觉牵强，虽然有些可以找到出处或者能够作出某种解释。但还有些词，由于意义虚化，其结构关系已无从考辨，如“的话、缝穷”。

# 第五章

## 字词语的内容

## 字义、词义、语义

# 一 数目纷繁，色彩斑斓
## ——字词语意义的单位

字词语的意义，应从三个层面予以研究。第一个层面是词语内各构成成分间的意义关系，其间有字与字的关系、字与字串的关系、字串与字串的关系。字与字的关系又可进一步分为三种情形：有义字与有义字间的关系，有义字与无义字间的关系，无义字与无义字间的关系。字与字串的关系，又可进一步分为四种情形：有义字与成词字串的关系，无义字与成词字串的关系，有义字与不成词字串的关系，无义字与不成词字串的关系。字串与字串的关系又可进一步分为三种情形：成词字串与成词字串的关系，成词字串与不成词字串的关系，不成词字串语不成词字串的关系。第二个层面是作为词汇单位整体的意义面貌。第三个层面是此词语与彼词语间的关联。

### （一）义素

义素指的是一个字词意义构成的要素。义素不是字词意义运用的单位，而是字词意义分解研究的单位。如“帽子”，可将其意义的构成作出如下分解：①戴在头顶上的；②用棉、布、纱、草等材料制成的；③御寒、遮阳、挡雨用的或起装饰作用的头衣。再如“直升机”，可将其意义的构成作出如下分解：①由安装在机身上部的螺旋桨操控垂直起降；②由安装在机身尾部的推进器推动行进；③可在小面积场地起降；④可在空中停留并作水平旋转的航空器。

有人将义素进一步分为理性义素和感性义素。[①] 所谓理性义素，就是对字词指称事物对象起决定性作用的义素，如上面“帽子”的三个义素，“直升机”的四个义素，都属理性义素。所谓感性义素，即是对字词指称事物对象不起决定性作用而只起陪衬性作用的义素。如形象色彩、感情色彩等各种各样的色彩，就属于感性义素。有学者将这种义素称作“陪义”[②]。

**（二）义项**

一个词汇单位，可称作一个词项。一个词项必具一个或一个以上的意义单位，其中一个意义单位称作一个义项。在词初创期，其所具的意义一般都是单一的，即一个词只有一个义项。只一个义项的词，称单义词。不少词汇单位在日后逐步具有不止一个义项。具有两个或两个以上义项的词，称多义词。如“化妆”被《现代汉语词典》收作多义词，具有两个义项：

动 ❶演员为了适合所扮演的角色的形象而修饰容貌。❷改变装束、容貌；假扮：～舞会｜他～成乞丐模样。

多义的词汇单位，不仅只在词这个层级，字有多义的字，固定短语也有多义的固定短语。字如“怯”，其在《现代汉语词典》具有四个义项：

❶胆小；害怕：胆～｜～场。❷ 形 北京人贬称外地方音（指北方各省）：他说话有点儿～。❸〈方〉 形 不大方，不合

① 刘叔新．汉语描写词汇学．北京：商务印书馆，1990

② 张志毅，张庆云．词汇语义学．北京：商务印书馆，2001

时；俗气：这两种颜色配起来显得～。❹〈方〉缺乏知识；外行：露～。

固定短语如“旁若无人”，《新华成语词典》（商务印书馆，2007年）收有三个义项：

好像身旁没有其他人一样。❶形容自行其事，不为他人左右。《史记·刺客列传》：“高渐离击筑，荆轲和而歌于市中，相乐也，已而相泣，旁若无人者。”《东周列国志》一七回：“长万乃拾起画戟，缓步登车，旁若无人。”❷形容态度傲慢，目中无人。《北齐书·平秦王归彦传》：“归彦既地居将相，志意盈满，发言凌侮，旁若无人。”❸形容态度自然，无拘无束。《东周列国志》八一回：“恒知子贡乃孔门高弟，此来必有游说之语，乃预作色以待之。子贡坦然而入，旁若无人。”

字词典里列出的词汇单位的义项，是字词典编者根据他们的经验对该词汇单位义项的总结和归纳。既然是编者的总结和归纳，那么就有可能存在着缺点和不足，如“下”字在《现代汉语词典》里收有四个字条，每个字条都罗列出若干义项，但还不能说绝对完备。如“下饭”的“下”是“带送使之从口腔下到胃里”的意思（顺便说一下，粤方言字“馊”恰恰表达了这一意义），“下腰”是“使腰板沉下来，不再那么高”的意思，这些都没有在《现代汉语词典》中得到反映。

并非语言的发展必然带来义项的增多，必然使单义词变为多义词。不少词汇单位已有不短的历史，但仍是单义词，如“判罪、神圣、通敌、殉难”。也不是一个词汇单位词长愈长，义项愈多；词长愈短，义项愈寡。从各种类型的词汇单位的意义角度考察，似乎愈是字数少（词长短）的词汇单位，其义项愈可能是多项的；愈是字数多（词长长）的词汇单位，其义项愈可能是单一的。如“辟”这个多义字，《中华大字典》为其设有 70 多个义项，而“第二次国内革命战争”这个九字词汇单位就只是个单义词。

义项增多所凭借的方法主要有两种：一种是一般的推衍；另一种是特殊的推衍，即凭靠着某种修辞式的手段。靠一般推衍产生新义的方法叫引申法，所产生出来的意义叫引申义，也叫转义。如“化妆”的义项❷“改变装束、容貌；假扮”就是在义项❶“演员为了适合所扮演的角色的形象而修饰容貌”的基础上推衍引申来的。靠特殊推衍产生新义的方法主要是比喻法和借代法，靠比喻法产生的意义叫比喻义，靠借代法产生的意义叫借代义。靠比喻法衍生出多义的词汇单位如“心脏”有两个义项：“❶心。❷比喻中心或最重要的部分。”义项❷就是在义项❶的基础上靠打比方的方式产生的，是比喻义。靠借代法衍生出多义的词汇单位如“门房”有两个义项：“❶大门口看门用的房子。❷看门的人。”义项❷就是在义项❶的基础上靠借代的方式产生的，是借代义。比喻义、借代义其实都是引申义，只不过它们是凭靠某种特殊的修辞式的手段衍生的特殊的引申义。

任何一类引申义，都是相对于该引申义所从出的意义而言的。引申义所从出的意义，叫基础义。基础义和本义、基本义不是一回事。本义是一个字或词语单位本来的意义，是相对于其他转义而言的。如“涩”的诸义项中，“像明矾或不熟的柿子那样使舌头感到麻木干燥的味道”是其本义，而“摩擦时阻力大；不滑润”的意义和“（文句）不流畅；难读；难懂”的意义都是在本义的基础上发展来的。本义是一个多义的字或词语在诸义项中现实存在的一个根本的意义，它多是派生其他意义的意义。原始义是一个词汇单位可被考求出来的最初的意义，如“兵”的“武器”义，“脸”的“颊”义，“行”的“大路”义，“防”的“河堤”义。原始义是相对于后世衍生出来的转义而言的。原始义不见得就是一个多义的字或词语现实存在的那个最初的意义，而可能是今天某个字或词语古时就已死亡了的意义；而当原始义在一个多义的字或词语中现实地存在着的时候，它就是这个多义的字或词语的最早的、最根本的意义，也就是本义。原始义未必就是派生其他意义的意义，其他意义可能为非原始义所派生，如“年”在《现代汉语词典》中列有10个义项，多数义项是由“时间的单位，公历1年是地球绕太阳一周的时间”这个义项派生的，但此义项却非“年”的原始义。“年”的原始义是“五谷熟”。《现代汉语词典》所列“年”的10个义项之一的“一年中庄稼的收成”，用的是原始义。基本义是一个词汇单位诸多义项中最为常见、常用的那个义项，如“兵”的“军人”义。

一般说来，词义对客观事物对象的指称和反映是一定的，即词有定指。但是词义的使用中也客观存在着其指称和反映不一的情况，即词无定指。如“老头乐”，可指老人喜穿的棉拖鞋，亦可指老人喜用的痒痒挠；“黑寡妇”，可指一种剧毒蜘蛛，亦可指美国的P－61战斗机，还可指车臣人弹。

因此可称为“国骂”；有些可能只在某个较为狭小的区域内流行，带有一定的地方性。骂詈词语有侮辱性的，如“喷粪、鼠辈”；有叱骂性的，如“滚开、浑蛋”。骂詈词语不一定只用于侮辱和叱骂，有时在一定语境条件下反倒是为了表示爱慕、疼爱等感情。如《红楼梦》中贾母笑骂身边的晚辈女性为“小蹄子”，家庭主妇笑骂丈夫“挨千刀的”之类，都不是为泄愤而说出口的骂人话。更有甚者，有的词语表面上看是骂詈性的，而实际上却是保护性的，如北方农村一些家庭的老人担心孩子养不大，故意给孩子起一个不好听的名字，如“狗剩、臭臭”之类。此外，还有一种特别的侮称词语，也可归入骂詈词语的范畴。如日本的一些右翼分子侮称中国为“支那”，侮称中国人为“支那人”。反之，中国历史上曾有“倭国、倭寇”等词，就是对时常犯边、侵扰掳掠我边民的日本海盗的侮称。侮称有时也被人叫做蔑称。

### （五）婉辞

婉辞，又称委婉词语，是为了表达不能或不好直说的事而使用的较为委婉的词语。如中国人在表达男女之事时不喜直白，而喜欢委婉地表示，这就催生了在性事上普遍存在的委婉词语，如“同房、房事、行房、人事、床笫之欢”。委婉词语有的是多个义项中的某一个表示委婉，如《现代汉语词典》收入的“同房1”有两个义项，其中义项❷“指夫妻过性生活”才表委婉，义项❶“在同一房间住宿”并不表委婉。委婉词语只有在特定意义上才能使用。如“行房”是婉辞，只能在表示夫妇性交时才可使用，非夫妇间性交不能称作“行房”。婉辞习用既久则易转化为不委婉或不够委婉。如“出恭”源自“出恭入敬”，以其指如厕，是为婉辞。但现代人已不觉“出恭”委婉，如厕的意思现已有更为委婉的说法，如“更衣、方便、去一号”。“出恭”的如厕义，现在除了用在“出虚恭”、“恭桶”等上之外，已不再使用。再如“厕所”，尤其是“厕”，用来指人排泄粪便之场所，是个历史较久的词（如《史记·项羽本纪》：“沛公起如厕，因召樊哙出。”），后改称“茅厕、茅房”，再后来又有“卫生间、洗手间、盥洗室”等说法，不一而足。相信今后还会有更新的说法。一些词在创造时也会考虑委婉、避讳的问题，如汉语普通话常常用到的“大变”（很大的变化），台湾习惯说成“丕变”，因为“大变”容易使人谐音联想到“大便”。这就是为避开令人难堪或难为情的字音，杜绝因音似而引起的联想而作的改变。有的却不一定非要换成语音形式完全不同的另外的字才可，而追求视觉的差异，如“遗矢”的“矢”就是为替换“屎”而使用的，但“矢、屎”却并非不同音。婉辞在其他一些语言中也较为丰富地存在，如果比较一下不同语言的婉辞现象，那将是非常有意思的。[①]

### （六）形象色彩

形象色彩是附丽于理性意义之上的形象描写。形象色彩主要可分为两类，一类是视觉形象的，一类是听觉形象的。具有视觉形象色彩的词语，如“佛手、佛跳墙”；具有听觉形象色彩的词语，如“咕嘟嘟、稀里哗啦”。形象色彩与语言的其他

① 黄力游，林翠芳．中日委婉语对比研究初探．澳门语言学刊．2009（2）

要素一样，也处于经常性的变动之中，古时具有某种形象色彩的词语，很可能经过岁月的磨蚀，今天已不复存在。

**（七）语体色彩**

语体色彩是附丽于理性意义之上的语体选择。语体色彩可分为两类，一类是用于书语的，另一类是用于口语的。一般用于书语而有浓郁的书语语体色彩的词语如“置喙、踵武”，一般用于口语而又较为浓重的口语语体色彩的词语如“靠谱儿、可惜了儿的”。语体色彩与语言的其他要素一样，也处于经常性的变动之中，古时具有浓郁的书语语体色彩的词语，很可能到今天已用于日常的交际，甚至是口语的交际；古时具有浓重的口语语体色彩的词语，很可能到今天已变得古雅，一般不再用于口语的交际。

书语词语不能理解为凡出现于书面上的就都是书语词语。出现在书面上的可以是文牍气息很浓、公文性很强的词语，亦可以是口语性较强的词语，如小说这种书面上出现的词语。书语词语不指口语所用的词语，而指文牍气息较重、公文性较强的词语，它们带有较为浓重的书语语体色彩，如“特此、专此、准此、在案”。公文用的词语有的是个人性的，如封建社会就有仅为皇帝本人（或皇后、太上皇、皇太后等）所用的词语“准奏、钦此、驻跸、奉天承运”，但绝大多数的公文用词语都不具个人性。同样，口语词语也不能理解为凡出现在口头上的就都是口语词语。出现在口头上的可以是口语色彩极重的词语，也可以是有一定书语色彩的词语。这一点在知识背景有异、修养不同的人身上的表现会有较大的区别。

值得注意的是，台港澳社区报章所用的词语，有的非常典雅，而这些典雅的词语却鲜见于内地。例如：

蒋方智怡等蒋氏家族人士，焉能信任民进党执政之国史馆，能秉持行政中立原则，妥适保管两蒋日记？又焉能信任绿色执政之国史馆，不拿庋藏之两蒋日记断章取义，作为精神上鞭两蒋之尸的工具呢？（王丰《蒋介石日记版权风暴背后》，《亚洲周刊》，2010 年 12 月 19 日）

文中的“庋藏”，内地权威的《现代汉语词典》未收录为条，内地的报章也鲜见这个词的踪影，而在台港澳地区，却是不难见到的一个书面语用词。

**（八）时代色彩**

时代色彩是附丽于词语理性意义之上的时代特点。时代色彩可分为两类：一类是陈旧的时代色彩，如“讲用、瓜菜代”；一类是崭新的时代色彩，如“快女、唱红打黑”。时代色彩与语言的其他要素一样，也处于经常性的变动之中，刚刚创造出来的词语会带有崭新的时代色彩，使用既久，崭新的时代色彩会逐渐消磨掉，该词语或者变为普通词语，或者其所带有的时代色彩会转化为陈旧的时代色彩；已遭废弃或已然不为人们喜用的词语是古旧的词语，这些古旧的词语自会带有陈旧的时代色彩，但是一旦有了复苏的机会，重被人们使用，那么它们对于刚刚认识并使用它们的年青一代来说，就带有了崭新的时代色彩。带有崭新的时代色彩的词语反映的往往是新的事物对象、新的社会现象，因此它们常常能给人们带来心理上的新鲜感。一个时代，特别是一个充满朝气的时代，总会有成批的新词语出现，从而形成一道靓丽的新词语的风景线，给这一时代涂抹上一种崭新的时代色彩。如新版《党的建设词典》中收入的“小村官、跑官要官”等新词语，就显现着新的时代气息和色彩。

## 二　基础决定建筑，构件影响成品
### ——字义对词义的影响

词是由字与字构成的，词义与字义存在着一定的关系。字义，尤其是字义中的基本义，一般是固定的。由基本义衍生的意义，有的只是在指代某一事物时具有指代性。如《现代汉语词典》收入的“汇”字的基本义是“通过邮局、银行等把甲地款项划拨到乙地”，由此基本义衍生的“指外汇”义是指代性的。指代义同样可用于构词，如“汇”的指代义可构成“换汇、逃汇、套汇、现汇”等词。“烧纸”的“纸”本无“纸钱”义，但为了双字格的需要，语言社会选择了“烧纸”而没有选择“烧纸钱”，就是因为用“纸”代指“纸钱”。

词义可因经常性地指代用法而生出指代义。如有文章回忆金岳霖先生：“金岳霖先生常常劝同学念哲学不必读哲学，多读读小说就可以了。”与“念”组合的是专业名称“哲学”，与“读”组合的是书籍名称“哲学”。前一个组合的“哲学”是指代义的，是哲学专业、哲学系的意义。1974 年毛泽东对第四届人大的人事安排发表意见时说：“总理还是总理。”前一个“总理”是代指周恩来，后一个“总理”则是职务名称。

字词义还有特指用法，特指用法使用既久，可能会使意义专化。黄建华的《词典论》（上海辞书出版社，2001年）中提到了“指称符号”与“所指之物”的关系问题。有时字义与词义未必等值，字义与字义之和也未必与所构成的词的意义相吻合，如“瘾”是由于神经中枢经常接受某种外界刺激而形成的习惯性，因此喝酒可以成“瘾”，吸烟能够上“瘾”，甚至看电影、打麻将等也难免有“瘾”，但“瘾君子”则专指因吸食或注射毒品而在精神上和身体上产生极大的依赖性而无法摆脱者。“生前”不能按照字义来理解词义，否则就不能得出“死者还活着的时候”的意义。“胜朝”也不能理解成“胜利了的王朝”，而只能理解成“前一个朝代”，即“被战胜而灭亡了的朝代”。“行刑”本来只是执行刑罚的意思，但是在多数情况下用在执行死刑的时候，久而久之，“行刑”便特指执行死刑。一些词义并非一开始就是特指义，而是逐渐专化的。如辒辌车（又名温车），是上古时代的一种卧车，有帷幔，有窗，根据气温可以开闭之使车内温凉。《史记·李斯列传》：“李斯以为上（秦始皇）在外崩，无真太子，故秘之，置始皇居辒辌车中。”正因为辒辌车曾被用来运载皇帝的尸身，后来被用作丧车，成了丧葬用的车辆的代名词。再如“劳改”虽是由“劳动改造”缩简来的，但“劳改”已词义专化，已非普通的劳动改造。词义还可能是就某个方面来说的，范围是划定的。这也是词义专化的一个原因。如“子嗣”指的是儿子，但是它是就传宗接代来说的。“未亡人”不是指所有未死之人，而是死者之妻面对死者时的自称。

特指也可发生在词义的褒贬上。如“胡”本无贬义，但由于历史上北方少数民族经常侵扰，汉族人民逐渐用“胡”来表示所有的少数民族，甚至与少数民族有关的动作行为等，也都带上了贬义，如“胡扯、胡吹、胡匪、胡搞、胡话、胡搅、胡来、胡乱、胡闹、胡思乱想、胡言、胡诌、胡作非为”。其实在“大有胡气”（鲁迅语）的唐代，以“胡”构成的词并不带有贬义，如“胡食、胡乐、胡舞、胡妆”，更不用说战国时代即已出现而后风靡一时的“胡服骑射”。

词中字的意义也不一定仍是原字的意义。如“资”是个多义字，它的义项中，“钱财、费用”的义项为不少字在组词时用上，如“资产、资财、侨资”。但“欠资”的“资”虽也用的是“钱财、费用”义，却并不能表明其所要表示的“邮资”的意思。“欠资”中的“资”意义已经专化为“邮资”的“资”了。“头”本义是“人身最上部或动物最前部长着口、耳、鼻等器官的部分”，但由于“烫头、剃头、平头、背头”等词语被经常性地使用，“头”已增加了一个指称性的义项——“指头发或所留头发的样式”。“地”（dì）字《现代汉语词典》收有13个义项，却没有一个是“地铁”的“地”的意义：“地铁”的“地”是“地下”的意义，而不是“土地”等其他意义。“背诵”的“背”本无“背诵”之意，只有“转过身去”的意义，《新编国语日报辞典》（国语日报出版社，2000年）字条“背”义项三为“不面对”，举例：“背书”“背诵”，《现代汉语词典》第5版字条“背2”的义项❹为“背诵”，举例“背台词”“书背熟了”。《现代汉语词典》之所以直接为“背”列出一个“背诵”的义项，是因为编者认定“背”因为经常性地与“诵”组合，已衍生出了“背诵”的意义。再如“介”在古汉语中是助词，《诗经》中有“以介眉寿”的句子。后世浓缩为“介寿”，意为“祝寿”。再后来，20 世纪六、七十年代的台湾，一些城市街头突然冒出“介寿路”的路名，这些则与当政者的名字有关了。

绝大多数词的构造成分——字，其所表示的都已不是实际的事物，而需意义中转。但也有一些词中的字所标示的就是实际的事物，未经中转，如“勾乙”中的“乙”，“画押”中的“押”，“叫停”中的“停”，“叫好”中的“好”，“合十、十字”中的“十”，“画到、报到、签到”中的“到”，“点卯、应卯”中的“卯”，“略识之无”中的“之、无”，“目不识丁”中的“丁”。这类词可称为摹形词。语言中还有摹音词。如 2009 年 10 月 14 日新浪网有一篇题为“摄影师拍摄鲨鱼海豚围攻沙丁鱼群景象”的文章：

疯狂的鲨鱼尽情地捕食这些可怜的沙丁鱼，尽管都姓“shā”，但实力悬殊，弱者还是不免成为强者的盘中餐。在大“鲨”的追赶下，小“沙”乱作一团，四处逃窜，形成了螺旋状的伫列。

沙丁鱼的英文为 sardine，鲨鱼的英文为 shark，两者第一个音节一为 sā 一为 shā，忽略了平翘舌之别后，就都成了汉语的音节 shā。

有的词形成于古代，构成该词的某个字的意义就不能按照现代人通常理解的那样来理解。如“听政”的“听”是“治理、判断”义，而非现代“用耳朵接受声音”义。再如“知宾、知府、知客、知事、知县、知州”的“知”是“主管”义，而非现代的“知道”义。“去”在现代汉语中的基本义是“往、赴”，但在古汉语中基本义是“离开”。现代保留下来的“去世”一词，其中的“去”字正是古汉语中的“离开”义。

汉语的字义与词义存在着一定的关系，其他语言的字义与词义同样存在着一定的关系。如英语的 history 据说是由 story 衍生出来的。这也不难理解，历史本就是由一个个故事串联而成的。

词义的衍生有时候靠经常性的组合而生；如“抓紧”在《现代汉语词典》中的释义是“紧紧地把握住，不放松”，但是由于“抓紧”常与“时间”相结合，因而在一定的语境条件下“抓紧”无须再结合“时间”即可表达“抓紧时间”的意义。“绵薄”应是修饰之词，作为“之力”等的修饰成分而存在。但是使用既久，“绵薄”本身也有了作为整个定中偏正结构所具有的意义，出现了“略尽绵薄”之类的用法，甚至还出现了“绵力”的用法，如“眼见内地灾情深重，港人心头痛楚，渴望能尽绵力”（《港人慷慨赈灾　可多走一步》，《香港经济日报》，2008 年 5 月 15 日）。

字词义的发展和演化未必与字本身相关，而可能是字外因素决定的。如“顺”字无盗窃义，近年来逐渐衍生出了盗窃义，如在“这个家伙不但蹭了李家一顿饭，而且临走还顺走了一双金属筷子”中，“顺”就有了盗窃义。而“顺”的这个盗窃义却并非与生俱来的，也不是靠这个字本身产生的，而是靠“顺手牵羊”这个成语的联想性的影响产生的。

语言中不仅有历史词，也还存在着历史义。所谓历史义，就是说词仍旧存活于交际交流中，而该词的某项意义却已消失、死亡。如“后”字在上古时是君主的意义，此一意义随着历史的发展已经消失、死亡，成为了历史义。“后”发展到后世指君主之妻，此一意义才是存活着的意义。如今的“日本皇太子妃、戴安娜王妃、戴妃”之“妃”，已非中国传统文化中“后妃”之“妃”了。女歌手在比赛中获得优胜常被人称作“歌后”，女运动员在比赛中获得冠军常被称作“封后”。其实，这样的说法不妥。“后”在“君主”义消失、死亡后，其意义是“皇”的配偶，无皇何来后？因此，那些胜出的女性应该也被称作“皇”（当然是女皇）才是。而之所以很少被称作“女皇”，从传统的中国文化的角度看，一般人难以接受女性皇帝的统治，从词汇结构的角度看，词要适应双字格，不允许有“影女皇”和“蚁女皇”之类的组合。类似的例子也还发生在人之外的其他生物上，如雌蚁被称作“蚁后”。

词义具有模糊的性质。词义的模糊性质不仅仅是词义本身的要求，也是语言使用者的要求——在多数情况下，人们对所使用的词的意义不求甚解。如，“五雷轰顶”的“五雷”是指哪五雷？有人解释说，“五雷”指木雷、风雷、水雷、火雷、地雷。“五雷轰顶”，古代认为五道闪电都以“雷元素”粒子为基础，其中除了“木雷”是纯粹的雷元素粒子外，其他四种闪电都与风、水、火、地四种魔法元素的粒子相符合。其实，绝大多数的语言使用者并不计较“五雷”都是哪五种雷，他们只要明白“五雷”是很严重的“雷”就足够了。不少情况表明，人们对一些词的意义似乎未必一定要求甚解，而更愿意含糊一点儿。词义的模糊性在辞书释义上亦有表现。如“吞金”《现代汉语词典》释为“吞下黄金（自杀）”，如果没有括号中的进一步释义，则“吞下黄金”还是无法解释“吞金”是自杀的意思。“脱帽”释为“摘下帽子（大都表示恭敬）”。倘若没有括号中的再释义，仅靠“摘下帽子”无法让读者明了“脱帽”的真实意义是表示一种礼节。词义的模糊性在造词上亦有体现。如在动物的分类上，禽、兽和昆虫都是不同的，但是语言词汇中有“兽医”却无“禽医、虫医”，为飞鸟和昆虫治病的医生也叫“兽医”。再如“上课”，是听课还是讲课，是授课还是受课，也未明确。

## 三　大众和小众，全民和个人

### ——词语的语言义和言语义

2009 年 5 月 2 日新浪网刊出《毛泽东故居题匾的四次变更》一文，说毛泽东韶山故居曾挂过四块匾额，第一块挂于 1949 年至 1955 年，内容为“中国人民伟大的领袖毛主席的家”。1955 年 3 月，在上屋场挂起了第二块门匾“毛泽东同志故居”，取代了第一块匾额。是年 5 月 29 日，徐特立参观后指出“故居”两字是古人说的旧居的意思，用词典雅朴实，平凡中体现了伟大。但 1961 年 4 月 9 日刘少奇参观韶山却提出：“毛泽东同志故居的‘故’字有‘过去’和‘去世’两种意思。我们的毛主席身体很健康，应当把‘故’字改为‘旧’字。”不久郭沫若为故居题写了“毛泽东同志旧居”匾额，是为第三块匾额。1983 年，韶山管理局派人到北京，请邓小平题写了“毛泽东同志故居”匾额，是为第四块匾额。“故居”，《现代汉语词典》释义：“曾经居住过的房子。”“故”字并无刘少奇等人所理解的“故世”的意思，而只有“过去”的意思，“故居”一词也不因上述诸人的理解而发生意义的变更。类似的词还有很多，如“故交、故旧、故里、故人、故土、故乡、故友、故园、故知”，也大多没有“去世”的意思。

毋庸讳言，领袖人物对于词义的理解和使用，对普通百姓是有示范作用的。领袖人物对词义形成的影响力也远非普通百姓可比。因此，“小众”如果是普通百姓或负面人物，那就肯定是“小众”；倘若他（们）是领袖人物，而且是正面的领袖人物，就不一定是“小众”了。为一种语言的绝大多数使用者所理解、使用的意义，可称为语言义；只为少数人所知所用的意义，可称为言语义。这是很常规的说法，但细究起来，多到多少才算“绝大多数”，少到几个人才算“少数”，都难以界定。不过，个别人临时起意将共同语的词语意义作出自己的更改或理解，这样的词语义毫无疑义是言语义。个别社会集团故意将共同语词语本有的甲音与甲义的对应关系打乱，而让甲音与乙义或丙义、丁义对应起来，而且只将这种新的对应关系告诉其认为需要告知的人，对全社会则秘而不宣，这样的词语义当然也无疑是言语义。后者的情况将在谈社会方言词语时加以介绍，这里只谈前者的情形。

有的文章所用的词语，表面上看属于共同语，实际上可能是个人的，如“走读”按照《现代汉语词典》的解释应为“（学生）只在学校上课，不在学校住宿”的一种就学方式。但凤凰卫视有个栏目名为“走读大中华”，其中的“走读”的意思与《现代汉语词典》对“走读”一词的解释大相径庭。透过该栏目前主持人杨锦麟的招牌性的话“走读大中华，边走边观察”可知，其中的“读”乃是观察、分析的意思。“读”的“观察、分析”义已不新鲜，如“你没有读懂我的心”中的“读”用的正是此义。但将“走读”释作“边走边观察、分析”，却只能说是该节目特定的用法。一个词语的语言义必是大众共有的理解；而一个词语的言语义，则是某个人或某群“小众”的理解。

## 四　气同相求，道同而谋
### ——词语的意义聚合关系

词语的意义聚合关系，着重强调的有两点：第一是词语间意义的词汇性，第二是词语间词汇义的聚合性。词语间的意义若非词汇性而是其他性质的关系，不能视为词语的意义聚合关系；词语间的词汇义若非聚合性而是他类非聚合性，也不能看做词语的意义聚合关系。有学者将这种意义聚合关系的词群与一些不是意义聚合关系的词群放到一起加以讨论，称为“词际关系”①。

### （一）同义词

同义是词语的聚合关系之一。“同义词”这个术语恰切地道出了此种词义关系的三要素：词义的这种关系是同而非近，更不是异；词义间这种关系是建立在义位的基础上的，而非建立在词位的基础上的，因此同义词实际上应称作同义位词；词义的这种关系是凭靠着词汇单位与词汇单位的对照而存在并使用的，同义词不可脱离词位而使义项彼此间进行对照。进一步看，同义词其实是同义位词汇单位，也就是说，词这一级词汇单位彼此间可发生这种意义聚合关系，大于词或小于词的词汇单位彼此间同样会发生这种聚合关系，甚至不同级的词汇单位彼此间亦可存在着这种聚合关系的可能性。同义词必须可在词语的使用者头脑中造成同义联想，不能造成同义联想者不能构成同义关系。同义关系不仅可发生在名词性的词项间，亦可发生在动词性的词项之间，如“叮咛、叮嘱”“离婚、离异”；也可发生在形容词性的及其他实词性的词项间，如“了得、得了”“不得了、了不得”；同义关系不仅可发生在实词性的词项间，亦可发生在虚词性的词项间，如“为了、为着”“即使、就算”。大到固定短语与固定短语间（如“名垂青史、青史留名”“胸有成竹、成算在心”），小到字与字间（如“死、亡”

① 王宁，邹晓丽．词汇．香港：和平图书·海峰出版社，1998

"遗、失"),都可能存在同义关系;甚至架构与架构间,也可能构成同义(如"拿……来说"与"以……为例")。在不同类型的词汇单位间,也是可以建立起同义关联,如字与词间(如"因、由于""美、漂亮"),词与固定短语间(如"逝世、与世长辞""偷盗、偷鸡摸狗")。必须指出的是,绝对的同义词并不多见。如"孀妇、寡妇、未亡人"都指死了丈夫的女人,但是"未亡人"一般用于自称,"孀妇、寡妇"却一般不用于自称。"孀妇、寡妇"也在使用上存在着差异:前者多见于书面语,后者多用于口头语。

同义词既然是一个聚合体,那么无论在研究中还是在词典编纂中都应该穷尽该聚合的词汇单位。如"假如、如、如果、如若、若、若是、设或、设若、设使、倘、倘或、倘如、倘若、倘使"就是一个被穷尽了的表示假设的同义词聚合体。再如表示人死亡的同义词聚合,有"去世、弃世、谢世、逝世、辞世、离世"等数十个。有专家研究,《红楼梦》中共使用表示死亡的词 31 个,它们是"死、死亡、咽气、终、亡、夭亡、故、去了、亡故、下世、仙逝、去世、辞世、夭世、长逝、捐馆、老了、告殂、呜呼、归西、没了、殒、殒身、回首、宾天、卒、病故、病老、薨、殁、圆寂"。汉语同义词的丰富性,并不意味着每个词语都有与之同义的词汇单位存在。事实上,同义关系只发生在部分词汇单位之间。如"幅度、桥牌、臭氧层、蝴蝶结"等词语似乎就没有与之有同义关系的词汇单位存在。即使是生活中常见的事物对象,也不是每个词都存在着与其有同义关系的单位。如"狗"有同义词"犬","蛇"有同义词“长虫”，“鼠”有同义词“老鼠、耗子”，但是“牛、马、驴、鸡”等都鲜有同义词。

同义词的构成有比较复杂的原因。它们中有的是凭借构词的字的同异来认同别异的。如“早饭、早餐、早点”所以能构成同义词，完全是它们共有的字“早”在起作用，而不为它们共有的“饭、餐、点”，不具意义相同的关系，正是三词大同小异的所在。再如“零嘴儿、零食”“蛀齿、蛀牙”也是如此。同义词似乎可以说是向心力大于离心力的一种词义运动。在靠同字构成的同义词中，向心力正是由该字来体现的，而离心力正是由那个非同一的字来体现的。当然也有相当一部分同义词不是或不完全是依靠同字构建起来的，如“唐山、中国”“尿泡、膀胱”“保姆、女佣”“巴结、捧臭脚、抬轿子、溜须拍马、阿谀奉承”“大料、八角”“骂娘、怨天尤人”“阉割、净身”。来自不同系统的同义词，较难靠同字构建起来。由词的直指义和借指义构成的同义聚合，更难靠同字构建起来。如“钱”的意义是直指义，而“青蚨、孔方兄”也可指钱，是借指义，这样“青蚨、孔方兄、钱”就构成了一个同义聚合。

同义词语的存在，常表现在一些词语的对照上，如现代常用词语与非常用词语“寡妇、嫠妇、孀妇”“篱笆、篱落”，共同语词语与方言词语“仍旧、兀自”“裸麦、青稞”，新词语与旧词语“声频、音频”“畏光、羞明”，全称词语与简称词语“计算尺、算尺”“听小骨、听骨”，普通词语与专门用语“月经、天癸”“梦游症、睡行症”，正称词语与俗称词语“拂尘、蝇甩儿”“性病、脏病”，雅词语与俗白词语“置喙、插嘴”

“转瞬、转眼”，不同色彩词语“连襟儿、一担挑”，字序相反的词“寂静、静寂”“率真、真率”，不同阵营所用词语“竹岛（日本）、独岛（韩国）”。

同义词利于语言使用者在众多可供选择的词语中选出一个最适切的词语来使用，因此同义词从本质上说并不具有可替换性，或者说可替换性不是同义词的本质属性。只不过人们在研究同义词时发现可用甲词对乙词加以替换，遂误导出同义词具有可替换性的结论。如“款款”在《现代汉语词典》第5版中标明是个多性词，第一个性项是形容词，[①] 是诚恳、忠诚的意思，第二个性项是副词，是慢慢的意思。但在口语中，人们根本无法将“诚恳、忠诚”义的“款款”用于诸如“他这人非常款款”的语句中，也无法将“慢慢”义的“款款”用于诸如“你甭着急，款款排队吧”的句子中。再如“困难”和“难”在几乎所有的同义词词典中都被视为同义词，然而，在“天下事难不倒有心人”中，“难”不可换作“困难”；在“我们终于度过了最为困难的一段时期”中，“困难”也难以换作“难”。

同义关系只能发生在同一语言系统的词语间。如“游水”是现代汉语普通话里的一个词，与“游泳”构成同义关系。粤方言中亦有“游水”一词，它除有可与“游泳”构成同义关系的意义外，尚有“在水中游动的；鲜活”的意义，在此意义上可构成“游水海鲜”这样的短语。粤方言“游水”的这一意义

---

① “多性词”“性项”的说法，见周荐《兼类词词性与多义词义项关系试说——〈现代汉语词典〉第5版“V＋N”式双字词词性标注问题解读》，《辞书研究》，2007年第3期。

不是普通话所有的，也不能与普通话的某个词构成同义关系。

同义词语是语言的词聚现象。易与同义词聚混淆的是近义词语的现象。[1] 近义不是词聚；凡在一些人感觉上关系接近的词义均可被称作近义。

同义词是语言词语间的意义聚合关系之一，词与自由短语间可能会产生同义关系，但那绝不是同义词聚合关系。如“失踪”是词，“下落不明”是自由短语，两者不构成同义词的聚合关系。两个单位倘若非词却属词汇，是可以构成同义关系的，如“只要工夫深，铁杵磨成针”和“铁杵磨成针，功到自然成”这样两条谚语，也存在同义关系。

**（二）反义词**

反义也是词语的一种聚合关系。反义词是必须能够在人们的心理上构成反义联想的词语。如“美、丑”“贵、贱”“伟大、渺小”“健壮、孱弱”，都是能够构成反义联想的词语，都是反义词。而“饱”和“饥肠辘辘”就难有反义联想，因而不能成为反义词语。

反义词主要有两类。一类是所谓绝对反义词，即肯定 a 必否定 b，肯定 b 必否定 a；否定 a 必肯定 b，否定 b 必肯定 a。如是“活”就不是“死”，是“死”就不是“活”；不是“活”即“死”，不是“死”即“活”。没有不死不活、又死又活的情况，所谓“半死不活”，实际上仍是“活”。属于此类的再如：

公—私　是—非　直—曲　正—邪　真—假　动—静

① 孙常叙．汉语词汇．北京：商务印书馆，2006

拥护—反对　正义—邪恶　绝对—相对　正确—错误

快乐—痛苦　节省—浪费　开张—关张　增加—减少

反义词的另一类是所谓相对反义词，即肯定 a 必否定 b，肯定 b 必否定 a；但是否定 a 未必肯定 b，否定 b 未必必肯定 a。[①] 如是“大”就不是“小”，是“小”就不是“大”；不是“大”未必就是“小”，不是“小”也未必就是“大”，因为还有“不大不小”的情况存在。属于此类的再如：

高—低　长—短　贵—贱　新—旧　鼓—瘪　软—硬

轻松—沉重　前期—后期　饥饿—饱胀　熊市—牛市

巨人—侏儒　朋友—敌人　开头—结尾　清淡—浓重

反义词有的是靠构词的字的异同来别异认同的，如“快速”和“慢速”之所以会构成反义关系，当然主要是因为“快”“慢”之间构成的两极的对立关系。反义词可以说是离心力大于向心力的一种词义运动。在靠同字构成的反义词中，离心力正是由该字来体现的，而向心力正是由那个非同一的字来体现的。当然，这一点也不可绝对化，因为不是每一对反义词都必得是靠反义字构成，如“谦虚，骄傲”“巨人，侏儒”。也不是由反义字构成的词均可构成反义词，如“开心”和“关心”，虽然“开”“关”是反义字，但所构成的“开心”“关心”却并不具有反义词关系。再如“南瓜”和“北瓜”，尽管“南”“北”在很多情况下是作为反义字来用的，但由它们构成的“南瓜”“北瓜”却并不具有反义关系。

---

① 孙常叙．汉语词汇．北京：商务印书馆，2006

反义词的造就体现着人的逆向思维。有了“强大”，便需造出“弱小”；而这个“弱小”的“弱”和“小”，又恰恰是根据与构成“强大”的“强”和“大”两个字的反义关系推出的。而语言中是先出现“强大”还是先出现“弱小”，是哪个受哪个影响而推出，尚需研究。但一词受另一词影响推出，而不是两个词同时出现，应无疑义。一词因受另一词影响而出现，从而使两词具有反义关系，是受词义运动的规律制约的。并非每一个词都循此推出另一个词而使彼此间产生反义关系，从而造成了造词上的不对称现象，如有“圆滑”却无“方涩”，有“娇柔”却未造出“老刚”。这种不对称现象，不仅发生在构词成分未采用反义字的词语上，也发生在构词成分采用反义字的词语上，如有“新郎”无“旧郎”，有“香醇”无“臭醇”，有“高工”无“低工”，有“大粪”无“小粪”。当造词者需要在对立的概念中选取一者来做代表的时候，通常也不会再考虑造第二个词，以使之与已造出的词产生意义关系。如有了“热度”，无须再造出“冷度”；有了“美感”，无须再造出“丑感”。不对称可发展为对称，是造词运动中常见的现象，如有了“冷战”，又造出“热战”。对称发展为不对称的情况，则较难在词汇发展史上发现。

不是每一个词都有与之反义的词存在，反义关系只建立在部分词汇单位之间，如“投资”和“招商”就非反义词。在这一点上，也体现着反义关系与同义关系的差异。同义词的数量较为庞大，因为一个词可有不止一个词与之同义；而反义关系要求有对举出现的语境才可逐渐形成，因而常可见到的有反义关系的词是成对的。

反义词语是语言的词聚现象。易与反义词聚混淆的是对义词语的现象。对义不是词聚；凡为一些人对举来用的词义均可被称作对义。对义的两个词，有的具有专指性，是定称词；有的不具专指性，是泛称词。具专指性的对义词如“夫”“妻”，两词既具有对义性，又具有专指性。“夫”是相对于“妻”的唯一，“妻”也是相对于“夫”的唯一；“妻”就是“夫”的“妻”，而绝不是其他人，“夫”亦然。不具专指性的对义词如“祖”“孙”，其虽具有对义性，却不具有专指性。史存直《汉语史纲要》（中华书局，2008 年）指出：“在上古，‘祖’并不限于‘父之父’，‘孙’也不限于‘子之子’，凡父之父以上皆称祖，凡子之子以下皆称孙。到后世，人们用‘祖’‘孙’两字仍不一定严格指‘父之父’‘子之子’。”

## 五　居必择邻，近朱者赤

### ——词语的意义组合关系

词语要组合成语句势必会与相邻的单位发生关系，久而久之，相邻的词语彼此间受到“感染”，意义和用法受到某些影响，发生些微变化。如“文革”中只要老人家一出现，新闻中必出现“神采奕奕”一词来描述他如何健康。“奕奕”与“神采”结合日久，“神采奕奕”似乎成了一个新的固定短语。其实“神采”“奕奕”各是一个词，“神采”可以“飞扬”，“奕奕”亦可说明“精神”。字词义的衍生有时靠经常性的组合而生，如《现代汉语词典》收“谰言”却未收“无耻谰言”，其实人们在用到“谰言”时很少不将其与“无耻”连用在一起，连《现代汉语词典》为“谰言”所举的用例也是“无耻谰言”。

词语相邻搭配，要求语义协调。如2010年9月7日上午日本海上保安厅巡逻船在钓鱼岛附近海域与一艘中国拖网渔船发生碰撞，中方渔船被日方巡逻船拦截，船长和船员被日方无理扣留。温家宝总理在2010年9月21日抵达纽约出席联合国千年发展目标高级别会议和第65届联合国大会一般性辩论时就上述事件对媒体发表了谈话。2010年9月22日新华网发表的消息的标题是“温家宝敦促日方立即无条件释放中国船长”，但在新浪网要文标题上，上述消息的题目却改为“温家宝强烈敦促日方立即无条件放人”。“敦促”《现代汉语词典》释义为“恳切地催促”。不愠不怒又义正词严乃是大国总理的风范，也符合温总理个人的性格，用“敦促”是适切的。修改后的“强烈敦促”属超常规搭配，既不符合温总理的一贯风格，又在语义搭配上表现乖谬，有不协调之感。

词语在组合中，有时会对相邻的单位提出选择性的要求。如“侥幸”意为因偶然或意想不到的原因而成功或免灾，所以其后必带有表示成功的词如“获胜、出线”等，而不能带有表示失败的词如“输球、败北”等。再如“伸张”，要求所带的词必是“正义”这样的词。像这样的搭配，就属于词语的特定搭配。特定搭配很少见到甲、乙两词都只互与对方发生搭配关系的情况，通常见到的情况是甲词只与乙词搭配，乙词除经常与甲词搭配外亦可与丙、丁诸词搭配。“伸张”只与“正义”搭配，而“正义”除可与“伸张”搭配外，亦可与“宣示”等搭配。搭配应局限在一定的搭配域内来谈。如“伸张”后边只能出现“正义”，“正义”前边除可出现“伸张”外，亦可出现他词。“伸张”与“正义”组合的情形即它们的搭配域。如果超出此搭配域，“伸张”前边可出现“得到”等，“正义”后边亦可出现“属于”等，则不好再谈固定搭配问题。

一些字也属于特定搭配。如“睁”只表示眼皮打开，只能与“眼”组合。但是表示眼皮合上用的却是“闭”，没有特定的词，也不存在特定搭配。“闭”，《说文·门部》：“阖门也。”现代“闭”可与许多词相搭配，如“闭门、闭路、闭眼、闭灯”。“睁”可与“张”比较：后者搭配面要远较前者为宽，如“张弓、张网、张嘴、张开双臂”。专门搭配的词还有不少，如“醉”，《说文》“卒也，卒其度量，不至于乱也”，现代仍仅表饮酒过量。“久”表示时间长，“暂”表示时间短。现代如果不用它们，必须说成“时间长”或“时间短”。

## 六　风流水转，常变常新

### ——词语意义的变迁

词语时刻被人们使用着，在使用中发生变化。词语单位意义的变迁，可指义位的变迁，亦可指非义位的变迁。齐佩瑢《训诂学概论》（中华书局，2004 年）归纳为缩小式、扩大式、变坏式、变好式、变强式、变弱式六种。这里所谈的六种，有的属义位的变化问题，有的不属于义位的变化问题。

一般认为词汇单位意义的变迁方式有三种，即扩大式、缩小式、转移式。所谓词义扩大，就是限定性的义素减少，导致指称性的中心义素所指范围比此前扩大；所谓词义缩小，就是限定性义素增多，导致指称性的中心义素所指范围比此前缩小；所谓词义转移，就是指称性的中心义素自身发生了变化。① 如“杂志”，《现代汉语词典》第 5 版列“期刊”“零碎的笔记”（如王念孙《读书杂志》）两义项，但央视东方时空栏目有条广告名“电视新闻杂志”，此“杂志”义已非《现代汉语词典》两义项所能概括。“杂志”一词意义的这种意义的演变就属于词义的扩大。又如“酽”，《广韵·酽韵》：“酒、醋味厚。”但在今天“酽”已仅表茶“味厚”。“酽”一词意义的古今演变就属于词义的缩小。再如“百姓”，《现代汉语词典》第 5 版释义为：“军人和官员以外的人。”但在古代，“百姓”却是官而不是民。《诗·小雅·天保》：“群黎百姓，遍为尔德。”《毛传》释曰：“百姓，百官族姓也。”《尚书·尧典》有“九族既睦，平章百姓”之说。《孔传》云：“百姓谓百官族姓。”“百姓”一词从古至今的意义演变就属于词义的转移。

词语意义的变迁，在口语里有较为明显的感受。如在一些

① 蒋绍愚．词义的发展变化．语文研究，1985（2）

人的口语里，“饰演”的意义常被说成“去”，如“在那出戏里他去的是焦赞”；“欠钱”义常被说成“短”，如“我不短你什么钱呀”。类似口语上常常听到的词义现象，在郑重其事的书语中已较难听到。词语意义的变迁，在方言中亦有较强的表现。如“听”在普通话中最基本的义项是“用耳朵接受声音”，而在冀东、冀中等地区，则是“用鼻子嗅（气味）”的意思。

词语意义的变迁，还有一种词语意义的深化。如“天”“地”，《素问·阴阳应象大论》释为：“清阳为天，浊阴为地。”而今天的解释则大异从前，《现代汉语词典》为“天”列出12个义项，为“地”列出了13个义项。可见，对“天”“地”的理解，今人远比古人深化了。人对客观事物对象的理解深化了，词语意义本身自然也得到了深化。

词语意义的生成有时是个非常复杂的工程。如2005年度“超级女声”总决赛的前三名歌手中，李宇春的支持者称“玉米”，“玉”谐音“宇”，“米”则是“迷”的谐音；周笔畅的支持者称“笔迷”，倒还直接易晓；张靓颖的支持者称“凉粉”，则首先是用“凉”谐音“靓”，“粉”取自英语fans的中文译音“粉丝”，这便转了几个圈子。

# 第六章

## 基本非基本，一般不一般

## 词语集合

# 一　三大标准，使用为要
## ——基本词和根词的判定

### （一）基本词

基本词是从语言词汇的基本方面来说的。基本词并非仅指词这一级词汇单位，也包括具有词汇基本性质的一些固定短语等单位。这些词语的总汇称作“基本词汇”。有人定出三条基本词汇的判定标准，即全民性、能产性、历史悠久性。

词语历史久暂不一，有些词语历史可能长达数千年，有些词语历史或许只有几百年、几十年，还有些词语大概只是不久前才在语言中扎下根。词语使用频率不一样，有些词语使用频率很高，有些词语的使用频率较低。有学者据此而将词语分为常用词语、次常用词语、非常用词语等类别。① 有些词语使用范围十分宽广，它们几乎是所有该民族语言的使用者一日不可或缺的，有些词语使用范围十分狭窄，它们或许只为人数不多的一部分人所用。如果可以将词分为基本词和非基本词，那么基本词一般来说都是历史较为悠久的，使用频率较高的，使用范围较为宽广的；反之，非基本词都是历史较为短暂的，使用频率较低的，使用范围较为狭窄的。如“中国”一词至迟在《诗经·大雅·民劳》中就出现了：“民亦劳止，汔可小康。惠此中国，以绥四方。”这个词历史悠久，在我们日常的语言生

① 周祖谟．汉语词汇讲话．北京：人民教育出版社，1959

活中使用频率高。无论何方人士、何种阶层，使用范围很宽广，“中国”毫无疑问是基本词。在各类词语中，地名使用历史较长，也容易因历史悠久而具备基本词的资格。像“天津”这个地名词，创造于永乐初年的1403年，距今已有600余年历史。历史短暂的词，似乎就不容易被人视为基本词。如“被自杀”是2008年3月18日开始在网络上出现的一个词，词的历史才三年有余，它的使用频率虽然远比“喊楼、夜趴、奥女郎、风时代”高，但毕竟不可与“中国”等词极高的使用频率同日而语；它是在网络上首现又凭借网络流传开来的，不用网络或不熟悉网络的人对它的熟悉程度远不如网民，而相对于汉语的全体使用者而言，网民毕竟是一个不大的群落。据此，“被自杀”可以不很费力地认定为是非基本词。当然，一个词历史悠久却未必为所有的时代常用。如“跋扈”至迟在后汉就已出现了，《后汉书·梁冀传》：“此跋扈将军也。”但是在现代，“跋扈”虽远比“打击、飞机、高兴、特别”等词历史悠久，但对于绝大多数使用者来说，却未必像“打击”等词那么耳熟能详。一个词产生的历史或许并不太长，但是它可能瞬间广为流传，为各个阶层的人士所共用，如“超女、闪婚、三个代表、和谐社会”。

### （二）根词

如果从词语生成的角度着眼，那么使用频率较高则使用范围较广，尤其是历史较为悠久，而且构词能力较强的词，即所谓的根词。但是，如果一个字在所构成的词中只是充当一个构件，而不具有词的资格和身份，就不能称作“根词”，只能称为“词根”。如构成“人民、人物、人性、人烟、人言、人鱼、人妖、工人、军人、成人、主人、男人”等的“人”，就不是根词，而是词根。根词必须是词，词根仅是词构。一个词根，当其独立使用时，它便是根词；而不能独立使用的字（语素），尽管它可能具有不弱的构词能力，也只能是词根，如“民”可构成“人民、居民、农民、侨民、民航、民用、民生、民主、民意、民粹”等数目不菲的词，但是由于“民”早已失去了独立使用的资格，而被人视为语素，因此“民”是那些词中的词根，而不能成为独立的根词。

在构词问题上，词根也存在着不同的类别和不同的情况，可以分为“生”词根、“熟”词根两种情况。如“月亮”一词，古时称作“月”。随着宇宙的深入开发，“月壤、月面”等词陆续被造出，“月”是构成这些词的“熟”词根。“太阳”古时称作“日”。或许是因为人类今日的科学技术水平还远未达到开发太阳的程度，所以用“日”构成的“日壤、日面”等词尚未出现，最终能否出现也未可知。因此，用“日”构成“日壤、日面”等还只是潜在性的，“日”也只能算“生”词根。传统上所说的太阳系的八大行星“金星、土星、木星、水星、地球、火星、天王星、海王星”，除“地球”外，还没有哪一个可以构成“~壤”、“~面”之类的词。除了远不如地球、月亮为人类所熟悉的那些行星之外，“金、土、木、水、火、天（天王）、海（海王）”大概也只能看做“生”词根，它们在构词上不同于“月”。即使是“月”这样的“熟”词根，构成新词也不是一件容易的事，不是一蹴而就的。如 2010 年 10 月 6 日

《新京报》发表题为“嫦娥二号今日制动进入环月轨道”的消息，说：“今天上午北京航天飞行控制中心将对嫦娥二号卫星进行第一次近月制动，使卫星进入运行周期为12小时的环月椭圆轨道。”这里出现了“近月”“环月”两个词。但是该文又说：“探月工程副总设计师于登云解释说，飞近月球时卫星遇到的最大风险，是它能不能准确地被月球重力场捕获。在到达近月制动点的时候，卫星对于月球来说实际上处在非闭合的轨道上，如果不及时刹车，卫星就不能成为月球卫星。如果刹车力度不够，卫星仍会飞出月球的引力范围，不被月球捕获，从而不能环绕月球。”这里又出现了“飞近月球”“环绕月球”两个短语。可见“近月”“环月”还不具词感，还需要用“飞近月球”“环绕月球”这样的短语加以诠释。

## 二 众星拱月，非同“一般”

### ——一般词汇及其类集

不属于语言词汇基本方面的非基本词，人称“一般词”。一般词也不仅是就词这一级单位而言的，还包括具有词汇基本性质的一些固定短语等单位。这些词语的总汇称作“一般词汇”。非基本词量大质杂，它们常被一股脑儿地归入一般词汇。一般词汇所分出的类别常见的有外来词、方言词、社会方言词（含行业词、术语词、隐语或黑话）、旧词、新词等。外来词、方言词、旧词、新词等分类是针对整个语言社会而言的，而术语或行业词、隐语或黑话却是针对部分社会成员而言的。再换个角度看，外来词、方言词、术语或行业词、隐语或黑话的研究是从范围的角度着眼的，而旧词、新词的研究是从时间的角度着眼的。由此也不难看出一般词汇的芜杂和不“一般”。

### （一）外来词

外来词是就一种语言中渗入另一种语言的词汇而言的，因为它们是甲语言原先所无，而从乙语言“借”入到甲语言中的，因此外来词又称“借词”。一种语言只要不是封闭的，与其他语言有所交通，就不可避免地存在着外来词。丁启阵的《秦汉方言》（东方出版社，1991 年）认为，汉语史上某一时期（如汉代）的所谓方言，都只能说是“基本上”的，因为“其中肯定含有少数汉代非汉语语言成分，比如少数民族的语言。从历史上看，后代的汉民族语言是融合了上古时期许多少数民族语言成分而形成的。比如说，前秦时期的夏文化中就有先越文化因素。事实上，这种融合一直没有中断过。古人对外来语也兼收并蓄，将国内民族语和外国语与汉语地方变体统称为‘方言’”。汉语中源于境外语言的外来词数量不菲，如来自梵语的“塔、佛、刹那、菩提、沙门、醍醐、罗汉、和尚”，来自日语的“干部、临床、手术、团队、人气、消防、规范、俱乐部”[①]，来自英语的“坦克（tank）、吐司（toast）、克隆

① 过去有种不成文的认识，认为日语来源的外来词只有同形词，没有音译兼意译的。这种认识并不正确，如由日语的“一番”引入汉语的“一级棒”就是音译兼意译的。

(clone)、镭射(laser)、曼德琳(mandoline)、马拉松(marathon)、麦克风(microphone)、罗曼蒂克(romantic)”;汉语中源于境内少数民族语言的外来词也有不少,如来自藏语的“喇嘛”,蒙古语的“那达慕”,满语的“萨其马”,维语的“热瓦甫”。

外来词不见得都是直线引入或借出的,也可能经历了一个辗转的过程,如“瓦斯”是荷兰语的gas先传入日语,再由日语传入汉语的。外来词还可能是先由甲语言所造,后为乙语言引入,同时在甲语言中消失,最后再由乙语言回归到甲语言中。这样的词人称“飞去来词”。[①] 如“相扑”是在南北朝到宋元时期我国的一种体育运动,这个词是当时习见的词。随着这种运动传入日本并成为日本的国技,“相扑”这个词成为了日语中的一个基本词。当相扑这种运动从中国人眼中逐渐淡出,“相扑”这个汉语词也为国人所淡忘。但伴随日本文化的大举西来,“相扑”又作为日语中的一个词回到汉语中,这就使一些不了解这一历史的人以为它本就是日本人所造的日语词。再如新版《牛津英语大词典》(*Oxford English Dictionary*)把来自汉语上海方言的“嗲”(diǎ)收入其中。“diǎ”被定义为名词,意指“嗲的事物”,用作感叹或者表示同意。同时收入的还有“diaist”(嗲人)、“diaistic”(嗲的)、“diaism”(嗲主义)等相关词语。“嗲”字来源于英文单词“dear”(亲爱的,可爱的),主要用于形容女子和小孩撒娇的声音或态度。因为作为

① 曹聪孙等. 汉语外来词及其规范化进程. 天津师范大学学报,1997(1)

国际大都市的上海知名度越来越高，“嗲”字此次也便由“dear”“出口转内销”变身“dia”，回到英语世界。有的外来词的来源很容易确定，如“克隆”来自英语的 clone，英语的 kung fu 来自汉语的“功夫”。但也有一些词因为译路辗转，已不易说清它最初源自何种语言了，需要专家的考证才可。如日语中的ありがとう，据考证源自葡萄牙语的 obrigado。总之，外来词是非常复杂的一类词汇交流交融现象的产物。

从外来词创制的角度看，它存在以下几种不同的类别：

1. 全外来词

汉语外来词，多指汉语中用汉字拟写外语词的语音形式而造成的词。一些汉语外来词，在音节形式上（当然同时也在书写形式上）可表现为不止一个单位，这两个或两个以上的音节形式都是对外语词的音译。这样的外来词是全音译型的，可称全外来词。全外来词又可分为两类，一类是用于拟写的汉字，要求其与外语原词的语音形式尽可能对应。历史上汉语从西域借进的外语词，有不少是这种全音译型的外来词，如“阿罗汉”（arhat）、“浮屠”（buddha）。晚近以来，汉语从西方语言借进的词也有相当一部分是全音译型的外来词，如“坦克”译自英语 tank，“芭蕾”译自法语 ballet。全音译型的外来词，有的是词的两部分来源不同的，如“闪卡”的“闪”来自英语的 flash，“卡”来自英语的 card，两个词都借来后再由译者合成。这类全音译外来词可称为合成外来词。另一类是用于拟写的汉字，除要求其语音形式尽可能与外语词的语音形式接近外，还要求它们汉字的组合生出为汉人能在一定程度上理解或引发某种联想的意义。这一类又被称作“谐译词”，如译自英语 shampoo 的“香波”，译自英语 mango 的“芒果”。不同的语言社区，在对待外语词时的译介方式也可能不同，有的采取谐译，有的不采取谐译，如英文 blog，在内地译作“博客”，在台湾译作“部落格”。

2. 半外来词

汉语外来词中的一些，它们虽在音节形式上（也在书写形式上）表现为不止一个单位，但这两个或两个以上的音节形式中，只有一部分是对外语词的音译，另一部分不是对外语词的音译。这样的外来词可称为半外来词。汉语中的半外来词古已有之，如“砂糖”。有学者将这类词称为“梵汉合璧词”。[①] 半外来词主要分为两类，一类是音译加附注型的。如法语 gondola，其意思即一种船。汉译既可是“贡多拉”又可是“贡多拉船”。“贡多拉”就是对 gondola 的汉译，译作“贡多拉船”则是音译之外又加上附注的形式，从外语原词看有画蛇添足之嫌。另一类是半音译半意译型的。如美国有家名为 starbucks 的咖啡店，汉语译作“星巴克”，New Zealand 则被内地汉译为“新西兰”。

汉语中古及以前的词汇单位多为单字的，那个时代借进汉语的外来词也多表现为单音节形式，如“佛、僧、尼、塔”；中古以降，尤其是近现代以来的词汇单位多为复字的，这个时代借进的外来词也多表现为多音节形式，如“加仑、拷贝、马

---

① 梁晓虹. 佛教词语的构造与汉语词汇的发展. 北京：北京语言学院出版社，1994

拉松、凡士林、布尔乔亚、歇斯底里、布尔什维克、英特纳雄耐尔”。但这并不意味着单音节外来词就此绝迹，如“酷”就是最近几年汉语借自英语 cool 的一个外来词。汉语中还有一些单音节外来词是通过简缩的方式造成的，简缩有两种办法：一种是外语词本是多音节的，译成汉语时只取单音节，例如英语的 ammonia，汉语只用一个汉字来对译 am 这个音节，而成为“氨”这个单音节的外来词；另一种是外语词是多音节的，汉语先依照外语词的音节数译为多音节外来词，再简缩出一个单音节的简称，如英语的 candela，汉语先译作“坎德拉”，再简略作单音节的“坎”。汉语单音节外来词在运用中常使用文字性的手段，以避免读者将其误会为非外来词。如 2007 年 10 月 11 日《参考消息》第 12 版通栏为“切·格瓦拉逝世 40 周年纪念”，该版所登三篇文章为《“切”不在街头，而在人们心里——走访古巴“‘切’的城市”》《委内瑞拉：“切”的身影无处不在》《阿根廷：对“切”的争论仍在继续》。三篇文章中的“切”，都指古巴游击战英雄切·格瓦拉。如果这位英雄的名字不是单音的“切”而是复音字，就不必将其用引号引起了。汉语只为很少的单音节外来成分单独创造一个字，如“佛”、“塔”，绝大多数都借用已有的有义字，这就容易造成误会。而双字或双字以上的外来成分，虽然仍可能借用多个汉字，但发生误会的几率就低得多了。

既然是外来词，就有一个由此语言向彼语言翻译的过程。翻译过程中不可避免地会加进借入语言的元素，令其符合借入语言的文化心理。如 White House，其实就是“白色的房子”，但汉语却意译成了“白宫”。“宫”是皇权的象征，套在美国总统办公的处所上虽不伦不类，但在最高权力这一点上却也还近似。再如“国务卿”一职只有美国一国设有，但实际上它的英文是 Secretary of State。而 Secretary of State，对美国意译成“国务卿”，对英国却意译成“国务大臣”，在其他国家还有的意译作“国务部长”。独独为了美国，汉语把 Secretary of State 意译成“国务卿”，或者说汉语独独为了反映美国的情况而造出“国务卿”这样一个职官词，一方面说明美国这个国家在汉语造词者心目中的地位，另一方面也凸显出中国文化的痕迹——古代的公卿，地位是何等显赫。音译外来词成为汉语词汇的成员，必然要适应汉语词汇的规律，现代最突出的一点就是双音化。如 New York 借进汉语成为双音节的“纽约”。其实 New 译作单音节的“纽”情有可原，York 译作单音节的“约”却显牵强；York 译作双音节的“约克”更接近原语言的语音形式。英国的地名 York 汉语就没译作“约（郡）”而译作“约克（郡）”可以为证。但是 New York 终竟还是译作“纽约”，而没译作“纽约克”，之所以如此，还得从汉语词汇的双音化上作出解释。

“白宫”“国务卿”本是汉族人用汉语材料创造的词，应属不折不扣的汉语词。但是由于它们是根据外语词翻译过来的，遂被人们称作意译词。意译词又称仿译词，其实更恰当的名称应该是仿造词或意迻词。意译词现在多数学者已不认为它们还有外来词的资格，但难以否认它们是根据外语原词的构成方式在自己语言中仿造出来的，或者是按照甲语言中某词的意义和构词序搬迁到乙语言中仿造出来的。因此，即使不把意译词看做外来词一类，而将其看做复合词，也须将该种复合词与普通的复合词区别开来。仿造词（或意迻词）在不少语言中都是存在的，如毛泽东有一个著名的论断：美帝国主义及其一切反动派都是纸老虎。“纸老虎”很快在英语中出现，写作 paper tiger。反过来，英语中的一些词也会登陆汉语，如 white paper，汉语仿造为“白皮书”；forget-me-not，汉语仿造为“勿忘我”。不同的语言造词时可能存在词构碰巧相似的情形，也就是说它们未必一定是仿译词。如“月光”是很早就出现于汉语中的一个词，如李白诗句“床前明月光，疑是地上霜”；在英语里，moonlight 也已有不短的历史了。我们没有什么证据能证明早在公元八世纪汉语的“月光”就被西方语言（那个时候世界上还没有如今的英语，最多只能说古英语时期或盎格鲁—撒克逊时期）借了去，或西方语言类似 moonlight 的词被汉语借了来。我们只能说它们是造词时的偶合现象。

与日语和韩语等语言相比，汉语似乎更容易同化其他语言而不是为其他语言所同化，因此，相当数量的外语词在刚刚进入汉语时采取的是音译词的形式，但是没过多久，即改换成汉语自造的形式，如大家常举的例子“盘尼西林”后译为“青霉素”。但是相反的例子亦有不少，如英语 carnation，对应汉语词为“香石竹”，译词是“康乃馨”。也有外、汉两类词并用的情况，如“奎宁”来自英语 quinine，也叫“金鸡纳霜”。当然这可视为有待规范的情况。

3. 拟外来词

外来词中还有一类较为特殊的词，可称之为拟外来词。如有家练歌房取名“贝斯特”。“贝斯特”者，best也。拟外来词其实就是曲意造词。常见到的曲意造词是故意将外语的词用谐音汉字写出来，以造成谐谑的效果。例如：

1939年，斯诺第二次访问延安，把一本有他亲笔签名的著作《西行漫记》（*Red Star Over China*）送给毛泽东。毛泽东当即回了一张便条，上面只有一句话：“三块肉喂你马吃。”斯诺一头雾水，在下方打了个问号。待读过一遍，他才恍然大悟，原来是英语“Thank you very much（非常感谢）”的中文音译。（《揭秘毛泽东英语水平：三块肉喂你马吃》，中国共产党新闻网，2009年11月30日）

毛泽东用“三块肉喂你马吃”来“翻译”Thank you very much，造成了令人捧腹的语效。汉语中这样的例子不胜枚举，再如“开路一马斯”，是用汉字翻译日语造成的。

4. 字母词

外来词中还有一个字母词的现象。所谓字母词，实际上是国人因为用来记录这些舶来的词的材料非汉语本有而造出的一个称谓。字母词是改革开放后成批涌入汉语并终于得到汉语绝大多数使用者认可的一类特殊的词汇，第一个被收入《现代汉语词典》的是“卡拉OK”。“卡拉OK”的外语词为karaoke，先被引进日语作“カラオケ”，后才引进汉语作“卡拉OK”。“卡拉”可说是对kara的拟写，OK从何而来却始终是个谜。字母词、半字母词并非改革开放后才进入汉语的，如第一次国内革命战争时期的一个词“AB团”（AB是Anti-Bolshevik的缩写）即是。当一个社会尚处于闭塞或半闭塞状态下时，字母词很难成规模地涌现出来。如 20 世纪中叶，英语的 DDT（dichloro diphenyl-trichloro ethane）被汉语引入并转写为“滴滴涕”，而没有写作字母词“DDT”；T. N. T（trinitrotoluene）被汉语引入并转写成“梯恩梯”，也没有写作字母词“T. N. T”或“TNT”。改革开放之初，先有半字母词如“卡拉 OK”，后才有 DVD、MTV 等全字母词的出现。字母词是西文的缩略形式。但是这种缩略形式虽有较易用于通讯等科技手段的优点，却不像汉语的缩略词语那样对中间人具有可辨识性。一些西文的字母词，恐怕以该语言为母语的人也不易快速地辨认得出来，如 TCM 是 Traditional Chinese Medicine（传统中国医学）的缩略，TDM 是 Traditional Deutsche Medicine（传统德国医学）的缩略。全字母词中有不少是国际通用词，不能算作汉语的外来词，如 CT，DNA，MBA，SOS。中国人用西文字母所造的字母词，更不能视为外来词，因为它们是我们自造的，并非外来的，如 HSK（汉语水平考试）。网络语言为了经济和简便，也出现了大量的字母词，如 GG（哥哥）和 MM（妹妹）。这当然既不能算外来词，连是否具有全民性也存在问题。

半字母词多数是由一半西文字母、一半有义汉字构成的，如“B 超、AA 制、T 恤衫、X 射线”，但也有少数是由一半西文字母、一半无义或弃义汉字构成的，如“IC 卡、维（生素）C”。

5. 类字母词

还有类似字母词的现象。如“MP3”，说它是半字母词、全字母词似乎都可以。说它是半字母词，是因为它确实只有“MP”是字母，“3”不是字母；说它是全字母词，是因为不光

"MP"是舶来的，"3"也并非土产。现在的问题是，中国人的"MP3"读音与其他民族的人的读音或有不同，"MP3"因而可以视为词形上通用的、但语言上各自不同的词。

对于现代汉语中为数并不甚多的字母词现象，绝大多数人认为是积极现象，并且大家也都在自己的日常语言活动中运用字母词；也有人认为是消极现象，甚至力主将其从语言生活中汰除。不少字母词已融入了我们的日常语言生活，若把它们硬性规范淘汰，会给我们的语言生活带来不便。像"ABC"这个字母词，如出现在书名"禅学ABC"中，是"初步认知"的意思。如果不能使用"ABC"，那么该用什么呢？用"一二三"？用"小菜一碟"？用"毛毛雨"？或者用汉语说者觉得多少有些别扭的"初阶"？似都不妥。

外来词的拟写，存在着规范的问题。以汉语内地和台湾两个社区为例，有些是译法一致的，如Gauguin，内地、台湾都译作"高更"。但是也有不少是不相一致的，如Vangogh，内地的普通话用"梵高"来译写，而台湾的"国语"则用"梵谷"来译写。不一致的情况不少，值得研究者关注：土耳其的一个民族Kurdish，内地译作"库尔德族"，台湾译作"库德族"；美国前总统Reagan，内地译作"里根"，台湾译作"雷根"；美国左翼记者Snow，内地译作"斯诺"，台湾译作"史诺"；1912年4月15日沉没于大西洋的Titanic，内地译作"泰坦尼克号"，台湾译作"铁达尼号"。如果说不同的社区对于同一个外语词有不同的译法还可以有孰优孰劣的争辩的话，那么同一个社区对于同一个外语词有着不相一致的译法却说不通了。如美国前总统 Bush，在 1995 年台湾的“中央日报”上就曾有“布殊、布希、布什”三种不同的译法。

**（二）方言词**

方言词本指语言因关山阻隔而在地域上分布开来所形成的词语现象，后来人们又借用“方言词”来称说语言因社会因素所形成的词语现象，即所谓“社会方言词”。不过，“方言词”前倘不加修饰限定成分，它所指的仍是一种语言的词语在地域上的分布情况。

方言词，事实上存在着三类所指：第一类是原本属于某一个地域方言，而今早已融入共同语的“方言词”，如来自吴方言的“龌龊”、天津话的“哏”、西南官话的“晓得”、东北话的“胡子”（强盗义）；第二类是不久前进入共同语而还带有较为浓重的方言印记的方言词，如来自广州话的“埋单、生猛海鲜”、闽南话的“打拼、一头雾水”、上海话的“噱头、煞有介事”、东北话的“埋汰、唠嗑”；第三类是仍然仅属某一方言而未为共同语吸收的方言词，如北京话的“歇菜、哈喇子（口水）”、天津话的“地起（从……开始）、发小”、粤方言的“肚痾（拉肚子）、冥镲（冥钞）”、闽南话的“卵葩”（睾丸）。这第三类方言词的构成，尤其可以显现其内部形式的特异之处。共同语中所谈的方言词，不应是第一类，因为它们早已不再是方言词了；也不应是第三类，因为它们属于方言系统而不属于共同语的系统；只能是第二类，即已经进入共同语，而还保有方言色彩的方言词。

1. 纯属方言的词

纯粹属于方言的方言词，有的直接由古汉语发展而来，如西北方言的“乡党”（老乡、乡亲）。古时已有，如今经常性地在某一方言中出现的词语，是否不会在共同语和其他方言中使用，这个问题是需要慎重对待的。如粤方言中的“得闲”（有空），本是古汉语中较为常用的词，虽然普通话的口语中已不常用，但间或还在书面语中出现，因此还不能视为粤方言词。既然一些方言词其来有自，那么它们可在今天的某一地域使用，也可能在其他地区使用。有学者在论及澳门词汇时正确地指出：“所谓‘澳门特有’的，有部分可能在香港或邻近珠江三角洲也有……正如某地方的特产，不一定是这个地方专有，但肯定与这个地方有特别深厚的渊源。”①

纯属方言的词，分几种情况：词形彼此都有，所指却不同一，如“包子”，普通话指蒸熟的带馅面食，冀东蓟县话指馒头（普通话的“包子”义，蓟县话用“馅包子”指称）。再如“馒头”，普通话指蒸熟的无馅发面食品，上海话叫“白馒头”（只要是发面的面食，无论有馅无馅上海话都叫“馒头”）。也有同一词形而意义多寡不一的情形，如“驾驶”在内地是动词，义为“操纵（机车）使行驶”，而在台湾该词不仅有上述动词义，还有一名词义即“操纵（机车）使行驶的人”。更多的则是，词形彼此不一，意思相去遥远，甚至只在某一处有表达某一意思的词，而他处则无表达同样意思的词。如随手携带

① 张卓夫. 澳门多语现象研究. 澳门写作学会，2001

的礼物，在台湾称“伴手礼”，在澳门称“手信”，内地则没有相应的词。

2. 社区词

各方言也可能存在一些称作“社区词”的词汇现象。这些社区词是本方言区的人所造的，亦主要在本方言范围内流通，但又是其他方言区的人所能听懂而不常使用的。① 社区词常是政治影响方言产生的，应视为地缘政治学的产物。如20世纪三、四十年代因日本帝国主义侵略，中国被分为沦陷区、国统区和解放区，出现一些在不同区域内流通的社区词，如沦陷区的“大扫荡”、国统区的“锄奸行动”、解放区的“大生产运动”。社会制度不同亦导致社区词的产生，如台湾有“存证信函”，这是台湾邮电业的一项业务，即寄信人将信函交付给邮局，邮局将信函的正本寄给收信人而将信函的副本保存起来，以防收信人收到信而谎称未收到，内地普通话里则没有相应的词语。不同的地域因政治等原因暌隔过久，会有众多的社区词产生出来，从而更进一步加剧分处不同地域的同一民族的人们交际交流的困难。台湾《新编国语日报辞典》收有一些台湾地区的社区词，它们对于内地的人来说就是较为特殊的词语，例如：

國華　國變　國事犯　報歲蘭　執行長　執行委員　國策顧問　國民小學　國民中學　國定假日　建教合作　報值掛號　性格異常戶政事務所

---

① 田小琳. 田小琳语言学论文集. 长春：东北师范大学出版社，2006

社区词不为共同语或他社区所用，共同语或他社区会造出另外的说法或干脆借用过来，如台湾的“悲情”一词，内地无相对应的词，便将其借用过来。属于同一种语言的不同的社区词，是比较容易相互流通的，如台湾的“飙升、愿景、体认、A钱”等已在内地迅速使用开来。社区词语中也有一些是纯粹的方言词，如台湾“国语”中的“尬场”就是由闽南话吸纳进去的。

作为共同语基础方言的方言具有融入共同语的得天独厚的条件，作为基础方言的核心的地方话，更具其他方言无法比拟的优越条件。在汉语里，北京话是最易融入普通话的方言，仅最近二十年左右就有“靠谱儿、门儿清”等一大批北京土语词进入了普通话。北京话之外，作为普通话基础方言的北方方言，也有相当一批词语在最近二三十年间涌入了普通话，如东北方言的“忽悠”。方言对共同语的发展是有贡献的。如普通话有“陪绑”一词，意义是消极的。而粤语则有“陪跑”一词，是褒义的，可用于说明某人与他人一起参加竞选而未成功当选，像这样的词，吸收进来便可作为共同语的有益补充。

3. 社会方言词

一些词语，因为它们只为社会上的某一部分人所知所用，而不为全民所知所用，因此仿照“方言”的说法称其为“社会方言词”。社会方言词可以分出很多类别，诸如行业词语和术语、隐语和黑话，以及社会上的人因性别、年龄、职业、文化等的不同而使用的异于其他人的词语，这些都属社会方言词。网民所用的网络词语，现在一般将其归入新词语、流行词语的范围加以研究，其实它们更大程度上属于社会方言研究的范畴。

4. 行业词语

社会生产力发展到一定的高度，社会分工愈来愈细，各行各业纷纷涌现，每个行业都拥有一些本行业内部常用的词语。这些词语，有些是其他业界已知的或希望其他业界知晓的，有些却未必是其他业界已知的或不希望其他业界知晓的。如“拉拉”这个词来源于英语的 lasibian，意为“女同性恋者”，恐怕就不是有很多人知晓的一个词。行业词语也不是现代才出现的。拿法律术语来说，现代有“蹲守、排查、死缓、监外执行”，古代有“捕快、凌迟、廷杖、画影图形”，分属古今不同时代。当然，现代的社会分工远超古代，因此现代汉语中的行业词语更反映出相当的复杂性。如教育界有“课件、学缘、远程教育、多媒体教学”，医学界有“化疗、活检、活体组织、临终关怀”，司法界有“布控、追偿、不作为、死刑复核权”，文物鉴赏界有“诗堂、闲章、品相、蛙纹”，戏曲界有“水袖、髯口、柳活、花衫行当”，经济学界有“外汇期货、丰收悖论、虚拟经济、冷水煮蛙”，商业界有“挂账、零首付、离岸账户、霸王条款”，影视业界有“导播、插播、剧务、片酬”等。行业词语因行业范围的大小还可进一步细分，如体育界中的足球界有“点球、门球”，排球界有“背飞、二传”，乒乓球界有“下旋、直板”等。由此不难看出行业词语的复杂性。

不少行业词语随着使用频率的提升和使用者的逐渐增多，会渐次融入共同语。上面列出的各个行业的词语，有的使用范围已不局限于本行业内部，而开始为行业外的不少人所知所用，也就是说，它们正逐步走进共同语的行列。行业词语是否已转变为共同语词语，不应以它们是否已为《现代汉语词典》收录为标准。如球类运动的不少专门词语（像足球的“角球、越位”，排球的“拦网、短平快”，乒乓球的“擦网、上手抛球”），近些年来随着这些球类运动的普及，早已为大众耳熟能详，但却因辞书收条的滞后性、技术性等原因尚未为《现代汉语词典》这样的语文工具书收取，这不应成为我们认定它们已具有共同语词语性质的障碍。

5. 术语

宽泛一点儿讲，术语也属于行业词，是行业词的一部分。但行业词只是因行而异的词语现象，任何一个行当都可能产生自己特有的词语；而术语却必须是有科学的界定、具有科学的术语义的词语。如“撂挂”是相声界的行业词语，源于摆地摊时的说唱艺术；而“中子星”却是天文学的术语，要解释它就必须进行科学的定义式的说明：

中子星，又名波霎，是恒星演化到末期，经由重力崩溃发生超新星爆炸之后，可能成为的少数终点之一。简而言之，即质量没有达到可以形成黑洞的恒星在寿命终结时塌缩形成的一种介于恒星和黑洞的星体，其密度比地球上任何物质密度大相当多倍。

中国古代很少这种近代工业革命以来出现的严格意义上的科学，因此古代汉语中也就很少有严格意义上的术语。汉语术语是近代以来伴随着西方文明进入中国才逐渐产生的，其中相当一部分是受西语、日语影响而产生的，或直接将西语、日语中的词翻译进汉语的，如“烃基、拓扑学、神经、情报”。而今中国已经成长为一个具有世界影响力的工业大国，各个科学领域都有中国的声音，现代汉语术语词也就遍布各个科学领域，如飞机制造业的“尾流”、电子业的“射频”、印刷业的“勒口”、军事领域的“跨沟半径”。

随着科学技术的普及，一些自然科学领域的专门术语也已广为人知。这些术语会随着大众的熟知常用而逐渐淡化掉本身所具的术语性，向普通词语过渡和转化。一个术语一旦转化为普通词语，其本身所有的术语义就转化为非术语义，即普通义。如“B 超”本是医学领域的一个术语，现已为绝大多数人所知所用，其本身所具的术语义在被非专业人士所理解和使用时正逐渐淡去，而转化为非术语义。术语使用既久，也存在着简缩使用的问题，如“心肌梗塞”在医务界被略作“心梗”，但这样做一般不会影响它的科学性。

6. 隐语

隐语是一些特殊的人在特殊的场合所用的有特殊效用的词语。隐语创造和使用的目的只有一个：词语的意义只让理解、知晓者理解、知晓，而不必理解、知晓者则不让其理解、知晓。隐语的这一性质恰恰与普通词语的性质相反：普通词语是要让尽可能多的人知晓它们的意义，而隐语的意义却是尽量只为某一个小圈子中的人所知所用，而不为社会大众所共同理解和明晓。隐语的造词方法，常常是将大众耳熟能详的语音形式与大众并不理解的意义内容挂钩。

汉语中的隐语很早就出现了。一般来说，隐语在同时代的人之间使用较多，因为同时代的人利益攸关。隐语从纵向的历史角度来看，它在不同时代可能有不同的表现。如有学者做过如下研究：“一、二、三、四、五、六、七、八、九、十”，宋代商人分别用“丁不勾、示不小、五不直、罪不非、吾不口、交不叉、皂不白、分不刀、馗不首、针不金”来表示，明代商人用“忆多娇、耳边风、散秋香、思故乡、误佳期、柳金娘、砌花台、霸陵桥、救情郎、舍利子”来表示，清代商人用“平头、空工、横川、睡目、缺丑、断大、半皂、分首、残丸、田心”来表示。隐语，既然其目的是“隐”，同一事物对象在不同地域的人们的口中说出来自会不一样，人们不但不会规范使之同，更会想方设法使之异。如同是从“一”到“十”的数目字，在20世纪40时代初被宁波药材行说成“学、兄、项、孝、办、查、黑、茂、弯、叔”，被水产业则又说成“挖、竺、春、罗、语、交、化、分、旭、田”。隐语在一些特殊的行业中使用得更多。如老北京的当铺有一套隐语：袍子叫“披风”，马夹叫“穿心”，裤子叫“叉开”，狐皮、貂皮大衣叫“大毛”，羊皮叫“小毛”，长衫叫“幌子”，鞋叫“踢土”，帽子叫“遮头”，戒指叫“圈指”，耳环叫“垂耳”，银子叫“软货龙”，金子叫“硬货龙”，古画叫“彩排子”，古书叫“黑牌子”。

7. 黑话

宽泛一点儿说，黑话也属于隐语，是隐语的一部分。黑话，因其常为黑社会等利益集团服务，所以人们将其从普通的隐语中剥离出来。黑话常常出现在旧时代的绿林好汉之口。如2010年7月22日中国新闻网刊登文章《抗日将领刘桂五西安事变捉

蒋　蒋介石为其写挽联》，说：“当年追随白凤翔时，刘桂五学到一手‘掏老窑’的好身手。”又解释道：“所谓‘掏老窑’，是东北绿林土话，就是绑票。”该文又道：“此次会面仅半个小时，刘桂五就将蒋本人居住环境，及警卫情况熟记于心，用东北绿林土话此称‘踩盘子’。”所谓“踩盘子”就是探路的意思。

一些隐语（黑话）义已为人们略知，普通语文词典应考虑将其作为隐语义收入。如“做”，《现代汉语词典》收 7 个义项：❶制造；❷写作；❸从事某种工作或活动；❹举行家庭的庆祝或纪念活动；❺充当，担任；❻用做；❼结成（关系）。但在黑道人物嘴里，“把他做掉”却是“把他杀掉”的意思，因此，“做”实际上还应有一个隐语（黑话）义——杀死。

8. 古旧词语

古旧词语包括古词语、旧词语，也包括历史词语、文言词语。古词语并不能简单地理解成古代的词语；“古代的词语”这一说法本身至少有两个意义——在古代产生且仅通行于古代某个时期的词语，在古代产生并一直沿用下来的词语。我们这里所谈的是现代汉语一般词汇中的古词语，因此，这里古词语应理解成产生、流行于古代的书面语或口语中，而现在只在现代书面语中沿用下来的词语。古词语所反映的客观对象在现代依然存在，古词语与同样反映客观对象的现代词语在使用上发生了分野：古词语只用于现代书面语中，现代词语既可用于口语也可用于书面语。古词语，由于产生于古代并流行于古代，在现代只用于书面语，与现代产生的词语（尤其是与古代指同一客观对象的词语）相比照，而具有古旧的时代色彩。例如：

干谒　须臾　倒屣　倏忽　俄顷　庶几　执牛耳　千金裘　绕指柔　杵臼交　家天下　杜鹃啼血　投鞭断流　五十步笑百步　挽狂澜于既倒　位卑未敢忘忧国

与古词语接近的是文言词语。文言词语和古词语都产生于古代，沿用至今的也都仅出现在现代书面语中，但是文言词语都是产生并流行于古代的书面语，如“承乏、滥觞、丁忧、仵作”；而古词语却可以产生于古代书语，也可以产生于古代口语，如“恁地、怎生”。“文言词语”的叫名与它们经常出现的文体息息相关，“古词语”的叫名则更强调它们产生的时代性。

与文言词语、古词语比较接近的是历史词语。历史词语也是产生并流行于古代的词语，不同的是，或者其所反映的客观对象现代已不复存在，该词语也已随之消亡，或者其所反映的客观对象现代已由另一词语来称说，原来的词语也已退出历史舞台。无论上述哪种情况，历史词语都是仅存于古代而不在现代正常交际中出现的词语。历史词语中随所反映的客观对象消亡了的词语，借用俞敏先生“化石语素”的说法[①]，可称之为“化石词语”。说它们是“化石词语”，是因为它们不但不再使用，而且古代文献中的用例不经专家考释也无法辨识。如“玉牒”（皇家的族谱）、“补子”（封建时代官服上表示官阶的布饰），就都属历史词语。《红楼梦》第四十一回说到贾母、宝玉、黛玉、宝钗一行带刘姥姥到栊翠庵玩，妙玉没将已被刘姥

① 俞敏．化石语素．中国语文，1984（1）

姥用过的茶盏给宝钗、黛玉用，而“另拿出两只杯来，一个傍边有一耳，杯上镌着‘𤫩瓟斝’三个字……妙玉斟了一斝递与宝钗。那一只形似钵而小，也有三个垂珠篆字，镌着‘点犀䀉’，妙玉斟了一䀉与黛玉……”。何为“斝”“䀉”？何为“𤫩”“瓟”？如今一般人很难搞明白，连出版该书的人民文学出版社也只是笼而统之地加注说“斝是一种古代大酒杯。𤫩、瓟都是瓜类名”，“䀉是古代碗类的器皿”（人民文学出版社，1964 年版，第 507 页）。说明上述词已成为历史词，彻底死亡，没有复生的机会了，人们不但不再使用它们，连认识和了解它们的可能都极小，自然也就很难对它们产生即时的时代感。

一些历史词语存在着复苏的现象。复苏了的词语，称为复苏词语或回潮词语。刚刚退出言语交际舞台成为历史的历史词语，最容易借助一定的力量重返舞台，成为复苏词语。如在今日早已走上改革开放康庄大道的内地，倘张口闭口仍是“造反、批斗、封资修、路线斗争”，无疑会被痛斥为“文革腔”，所使用的这些词语当然也就成了复苏词语。在台湾也是一样。随着《动员戡乱时期临时条款》被废止，“戡乱时期”于民国八十年（1991 年）5 月 1 日零时正式终止，“戡乱时期”流行的政治性词语（如“赤祸、匪乱”）也随之烟消云散。2008 年台湾地区领导人大选，马英九上台，两岸情势渐趋和缓。然而，2008 年 11 月 3 日海协会会长陈云林率团访台，以陈水扁为首的台独派又祭起已成历史陈迹的陈词滥调，攻击陈云林是“共匪”，骂他是“陈匪云林”，号召“打共匪”“唱反共歌”，使人闻而错愕，以为时光倒流到 40 年前的戡乱岁月。

复苏词语可能在意义上与其成为历史词语前有所不同。如“大婚”本指皇帝的婚礼，倘非皇帝，任何的婚礼都不可妄称“大婚”。《末代皇帝溥仪自传》一书谈到溥仪逊位多年后举行的婚礼时用的是打了引号的“大婚”：

当王公大臣们奉了太妃们之命，向我提出我已经到了“大婚”的年龄的时候，我是当做一件“龙凤呈祥”天经地义的事来接受的。

“大婚”一词打上引号是非常正确的，因为溥仪六岁逊位，结婚时早已是民国的普通国民，不是什么皇帝了。如今一些传媒经常把稍有名气的人（甚至洋人）的婚礼称作“大婚”（如2010年7月2日新浪《克林顿女儿大婚　穿谁家婚纱》），他们所谓的“大婚”大概只可理解为“盛大的婚礼”，而不能理解作“皇帝的婚礼”。

9. 新词语

新词语就是新出现的词语。然而，简单的回答并不能解决新词语认定上实际存在的问题，什么样的词语才属于新词语，也并非一个十分简单的问题。对新出现的事物对象加以反映的词语，无疑是新词语，如“透析、盾构机、八荣八耻、远程教育”。这类词语毋庸置疑是新词语的主体。在新词语的问题上还有一些值得探讨的问题，像复苏词语算不算新词语，旧词新义算新义还是算新词语，都值得研究。有一点可以肯定，上面两类即使可纳入新词语研究的范畴，它们也绝非新词语的主流现象。

新词语从本质上说是一种过渡性词语，每个时代也都有各自时代的新词语。一般人认定的新词语和坊间出版的绝大多数新词语类的工具书所收入的条目都是已在社会上流行了一段时间后还没有成为语言词汇的稳定单位的那一部分。其实，如果不加限定，所谓新词语就是区别于已有词语的一个概念。所谓“区别于已有词语”，可以是就语言社会已有的词汇系统而言的，也可以是就某个人或某部工具书来说的。就语言社会已有的词汇系统而言，新词语就是刚刚产生或刚开始使用的词语；而就某个人或某部工具书来说，新词语可能是早已出现在语言词汇系统中的词语，只不过它在不久前才为某个人所知所用或刚为某部工具书所收录。无论属于上述哪种情况，新词语的判定应有两个参照点，一是它的出现时间，二是它与已有词语的区别。从第一个角度来看，所有刚刚出现的词语，只要它不是非词汇性的成分或纯粹个人性的成分，就都是新词语。纯粹个人性的成分，可称为生造词，例如：

毛主席问：“整党，各个地方不是早都开始了吗？这个‘吐故’吐得怎么样呀？大概吐得不多吧？对蒋南翔这样的人留下来好。”周总理回答说：“现在挂起来的较多。”康生补充说：“我说‘挂故’多。”［1968年毛泽东主席就整党问题讲过要“吐故纳新”。“挂故”是指当时要“处理”的党员干部被“挂”（搁置）起来。］（汪东兴：《汪东兴回忆：毛泽东与林彪反革命集团的斗争》）

这个“挂故”就是康生的个人性的词汇成分，是他的生造词。只要不是非词汇性的成分或纯粹个人性的成分，收录它们的工具书不能以它们可能是“言语的单位”或“不稳定的单位”等理由加以排拒。稍纵即逝的词语同样是词语，从研究的角度来看，它们并不比那些已登录词语或稳定性强的词语的价值低。从第二个角度来看，就涉及词语在使用者心中的新鲜度的问题了。一个词语一旦在绝大多数使用者的心目中还有新鲜感，那它就还是新词语；如丧失了新鲜感，那它就不再是新词语。词语的新鲜感是有时间性的。一般来说，社会变动愈快，新词语产生得愈多，新与旧的更替率就愈高，新词语新鲜度消释得也就愈快；反之，社会变动愈慢，新词语产生得愈少，新与旧的更替率就愈低，新词语新鲜度消释得也就愈慢。在一个相对封闭的社会里，一个词语从出现到为这个民族的绝大多数成员熟知所需要的时间远比在一个相对开放的社会中要长，因而，该词语在封闭社会里的新鲜感要比在开放型的社会里消亡得慢。一个封闭性的社会，新词语的产生不会是全方位的，因而，既有的词语为新词语所替代的几率也是较低的。社会健全与否对新词语的产生、发展影响甚巨。一个政治畸形的社会与一个正常的社会相比，变化不能说不快，其新词语的产生同样是很多的。但是政治畸形的社会所产生出来的新词语多偏于政治性，很难产生正常社会的全面发展的新词语现象。“文革”十年间产生出此前从未有过的很多政治性词语，如“特嫌、老保、王八七、红五类”以及“庙小妖风大，池浅王八多”“打翻在地，再踏上一只脚，让他永世不得翻身”，反映经济、文化的新词语却非常少。而当社会走在正常的轨道上的时候，新词语既是全方位的，变化和更新的速度也是较快的，反映在词典编纂上，新词语类的工具书的出版就会呈现繁荣的景象。

谈新词语必须有时间的概念，列出新词语的用例时应把创造、流行的时间同时列出，如 20 世纪 30 年代的“新生活运动、攘外必先安内”，40 年代的“解放军、划江而治”，50 年代的“镇反、大跃进”，60 年代的“圈阅、资反路线”，70 年代的“工农兵学员、反击右倾翻案风”，80 年代的“万元户、三资企业”，90 年代的“特首、长二捆火箭”，21 世纪初的“高端、两个务必”。研究新词语，应该将其“出身”交代清楚，如新浪网 2005 年 9 月 22 日引《新京报》一则新闻的题目上出现了“官改”一词——“九省二市试点公务员官改　公务员变身成官员”。任何一个词语，都有其被创造的历史，亦可追溯出其源头。现代汉语中的词语单位是如此，古代汉语中的词语单位亦然。如“伪学”，据文献可知其或造于宋代。《宋史·朱熹传》记载：“刘德秀仕长沙，不为张栻之徒所礼，及为谏官，首论留正引伪学之罪。‘伪学’之称，盖自此始。”追溯新词语的源头，势必引来另一个话题——寻找该词语的原创者。有些词语是可以找出其原创者的，如“孺子牛”（鲁迅）、“只争朝夕”（毛泽东），有些就很难找出其确指的原作者了，因为毕竟大量的词语是人民大众创造的。

新词语不等于流行词语。流行词语未必就是新词语，它也有可能是早已出现于我们词汇系统的词语，只不过因为某种需要重新流行开来，成为时髦，如 2006 年后半年极热的“长征”

一词。还有一种可能，一些词语造出后瞬间走红，它们既是新词语又属流行词语。由于新词语与流行词语存在着一些复杂的纠葛，研究或使用时要注意将两者严格区别开来。新词语更不能与网络词语混为一谈。新词语强调的是它的“新”的时间性，而网络词语更强调的是它们的创作者和流通域。例如“菜鸟、偷菜、斑竹、恐龙”，就是由网民根据已有词语改造或新创而后在网络上使用开来的网络词语。

# 第七章

## 词汇的特种部队

## 熟　语

# 一 或雅或俗说熟语
## ——熟语的范围和分类

### （一）熟语的范围

熟语内部所含的类别是庞杂的。一般认为，成语、惯用语、歇后语这些词汇性较强的单位属于熟语。但谚语、标语口号、楹联的联语，它们的词汇性是强还是弱？算不算熟语？楹联的联语如果可算熟语，那么完整的诗歌算不算熟语？汉语中的一些语类，谚语、标语口号，尤其是联语，很难归入通常的熟语中，至多只能说是诗化的熟语。它们是语言的成品，属言语作品，不能算作语言的特殊词汇单位——熟语。有些联语当初创作时是按照联语的要求来创作的，如：

曾三颜四，禹寸陶分（苏州网师园濯缨小阁）

升官发财请往别处，贪生怕死勿入斯门（黄埔军校）

与国咸休安富尊荣公府第，同天并老文章道德圣人家（曲阜孔府）

数百年旧家无非积德，第一件好事还是读书（张元济）

有些联语却是更大的作品中的一部分，被人截取下来作为联语用。如“苟利国家生死以，岂因祸福避趋之”这副联语就是从林则徐《赴戍登程口占示家人》一诗中截取出来的。从更长的作品（如诗歌）中截取出一部分形成的联语，更凸显出联语的语言成品的性质——诗化的性质。联语虽属语言成品而非语言词汇的单位，但从语言的角度看，仍有许多值得研究之处。

如绝大多数联语语言是完整的，但也有一些联语使用的是歇后的方式，如“君子之交淡如，醉翁之意不在”（江盈科），前句被歇掉的是“水”，后句被歇掉的是“酒”。联语是中国传统文学作品的一类，用事是常见的手法，即使是现代人的仿古之作。如“返国空余挂墓剑，斫泥难觅运斤风”（郭沫若），前句用的是《史记·吴太伯世家》所载延陵季子的典故，后句所用的是《庄子·徐无鬼》中匠人运斤的典故。

标语、口号本是两种不同的语类，但又具有相似的性质，标语可看做书写在墙壁等的口号，口号可视为宣之于口的标语。标语、口号多有宣传鼓动作用，这就要求它具形式简短、读来上口等特点。标语、口号因为要有及时的宣传鼓动效果，有着临时起意性，而不像谚语那样是一种人生经验的总结，不具有长久的稳定性，因而不能把标语、口号视为语言词汇的单位。标语、口号有些是诫示性的，如号召计划生育的“控制人口数量，关爱地球母亲”；还有提醒行车安全的“宁停三分，不抢一秒”。

### （二）熟语的分类

熟语可从雅俗的角度予以分类。成语即雅的熟语，惯用语、歇后语为俗的熟语，谚语等熟语有雅有俗。

雅俗之辨并不自今日始，自有书面语便有雅俗之分。到近代，雅俗的分野更为明显，语言使用者们对雅俗的语言成分的掌握更为自觉。如语言中有“拌嘴、吵嘴、打嘴、顶嘴、斗嘴、堵嘴、多嘴、犯嘴、赶嘴、回嘴、快嘴、笼嘴、卖嘴、磨嘴、撇嘴、贫嘴、抢嘴、说嘴、贪嘴、偷嘴、油嘴、掌嘴、争嘴、支嘴、走嘴、嘴笨、嘴尖、嘴脸、嘴损、嘴碎、嘴硬”，无“拌口、吵口、打口、顶口、斗口、堵口、多口、犯口、赶口、回口、快口、笼口、卖口、磨口、撇口、贫口、抢口、说口、贪口、偷口、油口、掌口、争口、支口、走口、口苯、口尖、口脸、口损、口碎、口硬”。“嘴”，《说文》作“觜”：“鸱旧头上角觜也。”段玉裁注云：“鸟咮曰觜，俗语因之凡口皆曰觜。”“口”，《说文》解释说：“人所以言食也。”可见“嘴”“口”有别：“嘴”指鸟类的嘴，“口”是人类的嘴。中古时期及中古与近代衔接的时期，“嘴”“口”的分工仍很严格，“嘴”间或用于指人的器官时也是带有贬义的，如唐代张鷟《朝野佥载》：“尚书左丞陆余庆转洛阳长史，其子嘲之曰：‘陆余庆笔头无力嘴头硬’。”南宋王明清《挥尘馀话》：“詹大和坐累下大理，李传正操俚语诟之曰：‘子嘴尖如此，诚奸人也’。”近代以来，“嘴”“口”虽可混用于人，但在称说不好的事物现象时一般仍用“嘴”而不用“口”，如说“尖嘴猴腮、油嘴滑舌、笨嘴拙舌、贫嘴薄舌”，不说“尖口猴舌、油口滑舌、笨口拙舌、贫口薄舌”；“嘴”“口”的不同语义色彩残留未泯。因此，“拌、吵、笨、尖”等字就很少与“口”组合。古代的语言文字学者已然注意到了词语的雅俗之别，清代易本烺曾著《常谭搜》一书，该书最大的特点是把所收的词语单位分为雅类和俗类。《现代汉语词典》中，雅词语往往标以“〈书〉”符，俗词语常常标以“〈口〉”符。雅词语之所以成其为雅，在很大程度上是由于构成的字是雅的。如“弭”在《现代汉语词典》有两个义项：一是“平息；消灭”，二是姓氏。由“弭”构成的“弭谤、弭兵、弭除、弭患、弭乱”所采用的都是“弭”字的第一个义项，五词都被标以“〈书〉”符，证明其是雅词语。

雅词、俗词，出身不同，待遇殊异。愈是古雅的词，似乎愈能追溯久远。如“发轫”一词最迟在战国即已出现，《楚辞·离骚》有：“朝发轫于苍梧兮，夕吾至乎县圃。”而俚俗的词，由于很难断言为何人所造，出自何处，再加之古代很少有文人雅士关注，于文无征，因此多数不能追溯久远。有些词，因为出身不雅（如出自工匠之口），可能造出多年后才能从文献中找到踪迹。如“斗彩”一词，明代应该已经出现，因为该词所描绘的彩瓷工艺始创于明宣德年间。但明代的文献却未载此词，到清雍正、乾隆年间无名氏撰写的《南窑笔记》才收此词，并为之作出释义：“成、正、嘉、万俱有斗彩、五彩、填彩三种，先于坯上用青料画花鸟半体，复入彩料，凑其全体，名曰‘斗彩’。”①

## 二　四字雅言，语言珍品

### ——成语的性质、特点和类别

远古至上古汉语词汇以单字为主，尽管也能从时贤著述中找到双字词汇单位、三字词汇单位甚至四字词汇单位的例子。约从汉代始，双字词汇单位成倍涌现，到近代终于基本完成了

① 程晓中．明清瓷器．贵阳：贵州人民出版社，1998

取代单字词为主的词汇状貌的历史进程。在双字词汇单位逐步取代单字词汇单位优势地位的同时，四字词汇单位，尤其是其代表——成语也逐步得到了认可，成为汉语中一类重要的词汇单位。清代钱大昕《恒言录》特为所录一部分词汇单位辟出“成语”一类，即可说明四字词汇单位，尤其是成语在时人心目中愈益突出而显要的地位。成语是语言词汇中一类非常重要的单位。对成语的性质特点的认识，可从以下四点入手：一是成语不是瞬间可造就的单位，它总得有一个逐渐“成”“语”的过程；二是成语的典型格式是四字格，此一格式的形成有其深远的历史原因；三是成语的语体是书面的，语意是典雅的；四是成语都是全民语言中的单位，方言中的或个人言语中的单位不是语言的成语。

### （一）成语以四字格为典型格式

成语以四字格为典型格式，有历史和现实的根据。从成语开始大量形成的先秦看，四字语式已作为固定格式为当时的汉语所采用。《诗经》是先秦产生的一部无论在当时还是在后世都有着极其广泛深远影响的诗集。《诗经》中 305 首作品，绝大多数都有四字格的诗句。《诗经》是代表中华文化的经典著作之一，汉时曾被列为“五经”之首，唐时的“九经”和宋时的“十三经”也都把这部经典收列其中。《诗经》之前，金文的铭文中很少有整齐划一的四字形式；再以前，殷商甲骨文中四字连缀的形式更属罕见。因此，四言为主、形式整齐的《诗经》语言的出现，给当时社会带来的影响应该是不小的。

春秋时代百家争鸣，学说、学派林林总总，蔚为大观。思想的解放也带来了语言形式的解放，记录各学派思想、学说的书文以散文的语言形式呈现在人们的面前，那就是先秦诸子的著作。语言形式的解放，还表现在诗歌语言也受到时代潮流的影响，散文体诗歌《楚辞》的应运而生即是其例。然而，诗的语言毕竟不同于散文的语言。在经历了春秋战国的时代大动荡之后，《诗经》语言不仅未为散文语言所取代，《诗经》式的诗语也没有被《楚辞》式的诗语所代替，反而立定脚跟，独领风骚，并且给后世以极大的影响。汉魏四言诗（如曹操《观沧海》）和六朝以降的骈文（如王勃《滕王阁序》）的语言形式，都很难说与《诗经》的语言毫无承继关系。人们喜爱诗的语言，因为诗的语言是凝练而典雅的，它要求字约意丰，要求既给人留下充分的想象空间而又不允许人们的思想无拘无束任意驰骋，从而给人以美的感受。人们更喜爱四字格的语言形式，因为它符合汉人形成既久的重偶轻奇的语言心理。《诗经》的语言恰恰满足了这些要求。

在散文潮汹涌澎湃的春秋时代，《诗经》以其凝练典雅的语言、齐整的韵律奠定了其作为四字格雅言范式的基础。由《诗经》形成的成语一般都采用四字格的形式，如“赳赳武夫、螓首蛾眉”；即使在《诗经》中原非四字格的形式，形成成语时也使之成为四字格，如“瓶罄罍耻、匍匐之救”。由于《诗经》的影响，先秦时代其他经书中的语句形成的成语也以取四字格的形式为常，如出自《周礼》的“坐而论道、安富恤贫”，《礼记》的“山颓木坏、菽水承欢”，《仪礼》的“老死牖下、寝苫枕块”，《公羊传》的“拨乱反正、义形于色”，《穀梁传》

的“不期而遇、马齿徒增”，《左传》的“善自为谋、生聚教训”，《书》的“如丧考妣、诗以言志”，《易》的“赦过宥罪、数往知来”，《孝经》的“承欢膝下、推燥就湿”，《孟子》的“声闻过情、水深火热”，《尔雅》的“微乎其微、东南之美”。出自其他经书的四字格，有的是本为四字而径被援用，如“母以子贵”径源自《公羊传·隐公元年》，“涅而不缁”径源自《论语·阳货》；有的是原非四字格却被剪裁成四字格使用，如“难乎为继”剪裁自《礼记·檀弓上》“孔子曰：‘哀则哀矣，而难为继也”，“思不出位”剪裁自《易·艮》“兼山，艮，君子以思不出其位”。人们多从《诗经》和《诗经》之外的经书中援用四字格形式而不大援用非四字格形式，或将非四字格形式剪裁成四字格形式使用，这亦可说明《诗经》的四字格雅言范式对当时和后世的巨大影响。

正因为有《诗经》在四字格形成上的巨大影响，才产生了春秋末年及其以后《论语》等著作对四字格进一步形成和发展的促进作用。《论语》在统治阶级、士大夫心目中的地位和在社会上的影响远在其他经书之上，《论语》中的语句以四字格的形式凝固成的成语就更为习见，如“名正言顺、被发左衽、精益求精、敬而远之、苗而不秀、举一反三、乐以忘忧、了如指掌”。《诗经》、《论语》等十三经之外的子书、史书中形成的成语，也多以四字格为基本形式。如出自《老子》的“金玉满堂、进寸退尺”，《庄子》的“鬼斧神工、槁项黄馘”，《荀子》的“祸与福邻、积厚流广”，《墨子》的“攻城野战、坚甲利兵”，《韩非子》的“汗马之劳、国富兵强”，《列子》的“近在眉睫、管鲍分金”,《管子》的“规矩绳墨、隔墙有耳”,《晏子春秋》的“贵不凌贱、临难铸兵”,《吕氏春秋》的“疥癣之疾、户枢不蠹”,《楚辞》的“怀瑾握瑜、回肠九转”,《战国策》的“狐藉虎威、高枕无忧”,《国语》的“股掌之上、见异思迁”,《逸周书》的“寡不敌众、令行禁止”。先秦之后历代形成的成语也多以四字格为基本格式。如《史记》有“三寸之舌、面折廷争”,《汉书》有“相待而成、弹冠相庆”,《抱朴子》有“鲁鱼亥豕、十室九空”,《世说新语》有“唐突西施、望梅止渴”,《杜工部集》有“才过屈宋、惨淡经营”,《柳河东集》有“披肝沥胆、黔驴技穷”,《朱子语类》有“一刀两断、一了百了”,《五灯会元》有“弄巧成拙、叶落知秋”,《西厢记》有“文章魁首、杏脸桃腮”,元杂剧有“演武修文、寻踪觅迹”,《金瓶梅》有“同归于尽、虚情假意”,《西游记》有“摇身一变、庸医杀人”,《红楼梦》有“燕妒莺惭、无法无天”,《聊斋志异》中有“艳如桃李、面目全非”。今天为绝大多数人认可的成语有相当一部分就是四字格的。《中国成语大辞典》收条目总数为 17 934 个,其中四字格的有 17 140 个,约占总数的 95.57%,这还不包括双四字格的形式,如“道高一尺,魔高一丈”“项庄舞剑,意在沛公”。

当然,说成语的典型形式是四字格,就意味着成语也有非四字格的,如在不少成语类的工具书中不难见到的“掉书袋、牛马走、家书抵万金、物不平则鸣、顾左右而言他、冒天下之大不韪”“起死人,肉白骨”“是可忍,孰不可忍”。非四字格而被称作成语的单位在《中国成语大辞典》中只有 794 个,仅约占总数的4.43%。即使那些非四字格的单位可以被称作“成语”，也不影响我们对成语的类所作出的基本判断：四字格是成语的典型格式。

**（二）成语的形成过程是漫长的**

语言词汇中主要有字、词、成语、惯用语、歇后语等单位；也有人把谚语划入词汇中。从形成的角度看，成语与其他几类单位有着很大的不同：成语之外的单位一般都是可于瞬间造就的单位，唯独成语这种单位却须经过一个较为漫长的“成”的过程而后才成其为“语”。词这种单位似乎是最容易在瞬间造出的。近些年来产生的惯用语、歇后语等虽还没有确切的统计数字，但我们可以举出许多例子以证明惯用语和歇后语等熟语也可在瞬间造出，惯用语如“近亲繁殖、拳头产品、坐直升机、大开方便之门”，歇后语如“飞机上吹喇叭——想（响）得高”“警察打爹——公事公办”“买眼镜买下火口——一人一个眼法”“屎壳郎当道——愣充土坦克”。相比之下，除个别成语（如“风生水起、与时俱进”）外，绝大多数成语似乎很难在短时间内造出，而总须一定的历史过程，有人认为现代汉语中存在着“新成语”并编出了《汉语新成语词典》（陕西人民教育出版社，1986年）之类的书，甚至还有人在博客上载文称新版《辞海》要将“正龙拍虎、细牛画楼、秋雨含泪、兆山羡鬼”收入，并认为这是四大新成语，我们对此持谨慎的态度。

先秦之后造出的成语固须经过一个由未“成”到“语”的过程，近现代才造出的成语，也得经历一个由造出到被人广为征引的过程。这当中，一个人有无名气和影响力往往会决定他所说的某个语句能否较快地转化为成语。一般有较大知名度的人，他所说的一些话容易被引用，也易于化为成语。

**（三）成语具有古雅的语义色彩**

古代造出的成语，一部分是文人的创作，它们自然带有古雅的色彩，如“牝鸡司晨、千里一曲、巧言如簧、日不移晷”；一部分是民间的创作，它们虽或用的是当时的口语，但那些口语词汇却由于语言发展而被今人视为古雅的语言成分，如“肉食者鄙、如烹小鲜、三豕涉河、孤注一掷”。晚近以来被创作出来的成语，常是仿古之作，在形式上多取四字格，在语义上用上含古雅色彩的字，如“欧风美雨”（秋瑾）、“华屋丘墟”（鲁迅）。如果古人创作所用的字在今人看来并不古雅或并未变得古雅，今人创作所用的字是通俗直白的，这被造出的单位就很难被视为成语，如“盗憎主人”（《左传·成公十五年》）、“口不二价”（《后汉书·韩康传》）、“穷坑难满”（宋·吴曾《能改斋漫录·逸文》）、“财动人心”（元·石君宝《秋胡戏妻》三折）和“仨饱俩倒、手眼通天、洗手不干、有一得一”。

成语一般都历史久远，其中大部分在古人造出后即投入使用，之后便辗转流布开来。成语中只有一小部分产生于晚近。成语悠久的历史使其中古朴、典雅的成分愈趋古朴、典雅，其中口语性的成分也变得古朴、典雅。形成于近现代的成语，也同样出现有一些古朴、典雅的成分，而不是近现代的口语成分，至少不是常用并流传至今的口语成分。古朴而典雅的成分之所以会为近现代人创造成语时用于其中，除了这些成语的创造者深厚的旧学根底和使用古朴、典雅的语言成分的积习以及由此产生出来的刻意的仿古意识和行为，恐怕很难有更合理的解释。这些成语的创造者或也意识到所创作的成语中出现的古朴、典雅的成分较难为近现代的大众所理解和接受，其中一些人便有意识地为那些成语中古朴而典雅的成分作注解或说明，或者在所造成语被说出之后再说出与该成语语意近同的浅白的俗语加以诠释。例如：

马克思列宁主义理论和中国革命实际，怎样互相联系呢？拿一句通俗的话来讲，就是“有的放矢”。“矢”就是箭，“的”就是靶，放箭要对准靶。马克思列宁主义和中国革命的关系，就是箭和靶的关系。（毛泽东《整顿党的作风》）

毛泽东说的“有的放矢”这句“通俗”的话，对于他自己这样有一定的文化修养的人来说或许是通俗的，对于他当时所面对的听众和读者来说其实并不通俗，否则他也没必要逐字解释“矢、的”这两个古朴、典雅的成分，更没必要把“有的放矢”用真正通俗的话今译为“放箭要对准靶”。

成语是语言词汇中的一类重要的单位，《现代汉语词典》将其作为重要的收取对象，如“难兄难弟、火树银花、牛溲马勃、皮里阳秋、黔驴之技、锲而不舍、落花流水、南柯一梦”。这说明，在该词典编者看来，成语与“人民、打击、漂亮、非常、派不是、穿小鞋、碰钉子、乱弹琴”等单位具有词汇单位的同一性。成语和谚语等他类熟语有时会存在着难辨易混的情况。这种情形多发生在谚语向成语转化的过程中。流传至今的一些成语正是由古谚转化来的，如“察见渊鱼”源自《列子·说符》“周谚”的“察见渊鱼者不祥，智料隐匿者有殃”，“长袖善舞”源自《韩非子·五蠹》“鄙谚”的“长袖善舞，多钱善贾”，“投鼠忌器”源自《汉书·贾谊传》“里谚”的“欲投鼠而忌器”，“亡羊补牢”源自《战国策·楚策四》所记“鄙语”的“见兔而顾犬，未为晚也；亡羊而补牢，未为迟也”。谚语本不同于成语，《说文》：“谚，传言也。”段玉裁注：“传言者，古语也。”

部分谚语之所以能够转变为成语，从客观上讲，一般都历史久远，而且在经典而权威的著作中出现过；从主观上说，乃语言发展到后世，人们比较前代的某个谚语，因其古旧不觉其俗反觉其雅所致。并非所有的谚语都能演变为成语或直接转化为成语，如上所举对偶句式的谚语“察见渊鱼者不祥，智料隐匿者有殃”和“长袖善舞，多钱善贾”就都是部分地转变成了成语。为文献所记录而未变为成语的古谚更难计数。究其原因，除了多条谚语语意相类重复只可能其中的某一条化为成语而另外的仍为谚语外，更多的情况恐怕还是那些谚语所用的成分不但在当世过于俗白而且到后世亦未变得典雅所致。属于此类的例子可以举出很多，如见于《史记》的“百里不贩樵，千里不贩籴”“力田不如逢年，善仕不如遇合”，《汉书》的“鬻棺者欲岁之疫”“遗子黄金满籝，不如一经”，《尔雅翼》的“趣织鸣，懒妇惊”“一亩之地，三蛇九鼠”，《埤雅》的“触露不掐葵，日中不剪韭”“黄栗留，看我麦黄葚熟”，《水经注》的“东驴西磨，麦城自破”“高粱无上源，清泉无下尾”。上述例子已足可说明绝大多数的谚语因通俗直白而不能转化为成语。

有些古谚虽然历史也很久远，也可出现在经典而权威的著作中，但其却是大众创作的成品，在经典而权威的著作中出现只是被引用，在相当长的一段历史时期内一直被视为“不登大雅之堂”的“俗语”。也正因此，语言发展史上鲜有成语“纡尊降贵”变为谚语者，却只有谚语向成语“靠拢”变为成语的情况。近现代以来出现的谚语，因其更为通俗直白、口语化而不太可能在今天被人们视为成语，如“火大没湿柴”“头伏萝卜二伏菜”“人误地一天，地误人一年”“天无三日晴，地无三尺平”。

除谚语外，其他类别的俗语亦有可以和不可以转化为成语两种。他类俗语演变为成语的情况一如谚语，也多发生于古代。一些在当时的文人雅士看来不雅的“俗语”，今天已有不少被视为当然的成语，如清人郑志鸿《常语寻源》的“束之高阁、得陇望蜀”，钱大昭《迩言》的“瓜田李下、鹿死谁手”，胡式钰《语窦》的“掩耳盗铃、捕风捉影”，钱大昕《恒言录》的“藏头亢脑、拖泥带水”，翟灏《通俗编》的“炙手可热、仰人鼻息”，甚至近人罗振玉《俗说》的“天造地设、蝇头微利”，胡朴安《俗语典》的“味同嚼蜡、炮龙烹凤”，都可认为已完成了向成语转化的过程，有了成语的资格。但是，古人尤其是近现代人所造和使用的俗语，因其少用古朴、典雅的成分，很难一下子就转变为成语，有的甚至恐怕永远也无法变为成语，如“仨饱俩倒、尿尿和泥、屎壳郎跟着屁轰轰、拉不出屎来怨茅房、撸胳膊挽袖子、说的比唱的好听”。而由成语变为此类俗语者，迄今未见一例。

既然语言发展史上存在着俗语向成语转化的情况，那么，实际语言中就势必存在着处于转变过程之中的中间状态的事实。如“分斤掰两、山高水低、打蛇打七寸、牛头不对马嘴”，似乎很难将其归入成语或仍将其归入俗语中的某个类别。相信随着时代的发展和语言的变迁，这些俗语中的大多数单位，会被后人归入适当的类属。从语言发展的大势看，归入成语的可能性要大于归入俗语的可能性。因为，今人理解无障碍的单位很可能在后人看来变得不那么通俗、直白了。当然，到了那个时代，又会出现新的处于过渡状态的熟语单位，又需要语言自身和语言的使用者对其归属作出抉择。要指出的是，不同种类词汇单位间转化情况的存在，不应被用作否认不同种类词汇单位间存在本质区别的根据。站在共时的角度上，无论是士大夫、知识分子还是识字不多的普通百姓，他们大多能够轻而易举地分辨出“雅”的熟语和“俗”的熟语，个中原因也主要在于两者存在着本质的区别。本质区别之一就是：前者多含有古朴、典雅的成分，这是普通百姓不大使用甚至难以理解和接受的；后者中出现的一般是通俗、直白的成分，这在知识分子口中是较少听到的。

### （四）成语是全民语言单位

成语是经历了历史的沙汰之后保存下来的词汇珍品。千百年的流传和使用，使得汉语中的成语成为了稳定的词汇单位，为中华民族大家庭的成员耳熟能详。成语不能是方言的。尽管有些成语最初来自方言，有的单位可能还多少留有方言的痕迹，但只要它是成语，就具有汉民族共同语词汇单位的资格。成语也不能是个人的。成语当然也和其他词汇单位一样，一般是先由个别人造出而后才在社会上普遍使用并为全民所接受，最终成为全民的词汇单位。但是成语一经成为成语，就不再具有个人性，不再是言语的作品，而成为了语言的词汇单位。

成语来自古代典雅的语句，但是并非古代典雅的语句皆可化为成语。如古人的某段文章中按理可能有多个句子可化作成语，但是实际上却只有个别句子化作成语，其他句子没有成为成语。例如《左传·僖公十五年》有如下一段文字：

古者大事必乘其产，生其水土而知其人心，安其教训而服习其道，唯所纳之无不如志。今乘异产以从戎事，及惧而变，将与人易。乱气狡愤，阴血周作，张脉偾兴，外强中干。进退不可，周旋不能，君必悔之。

“乱气狡愤、阴血周作、张脉偾兴、外强中干”连用，却只有“外强中干”成了后世的成语。西汉扬雄《解难》有如下一段话：

典谟之篇，雅颂之声，不温纯深润，则不足以扬鸿烈而章缉熙。盖胥靡为宰，寂寞为尸；大味必淡，大音必希；大语叫叫，大道低回。是以声之眇者不可同于众人之耳，形之美者不可混于世俗之目，辞之衍者不可齐于庸人之听。

这段话中至少“温纯深润、鸿烈缉熙（或‘扬鸿章缉’‘扬鸿烈，章缉熙’）、胥靡为宰、寂寞为尸、大味必淡、大音必希、大语叫叫、大道低回”以及“声眇同耳、形美混目、辞衍齐听”等四字词有资格形成后世的成语却没有形成为成语。《宋史·朱熹传》：“方是时，士之绳趋尺步，稍以儒名者，无所容其身。”“绳趋尺步”也很少为后世的成语词典所收入。清代王念孙在《广雅疏证序》中说道："训诂之旨，本于声音。故有声同字异，声近义同。虽或类聚群分，实亦同条共贯。譬如振裘必提其领，举网必挈其纲。""振裘提领、举网挈纲"本也有形成成语的资格，但却终究没有形成成语，问题的关键似也在于清代已不是成语形成的鼎盛时代。

成语既然是一种词汇单位，它就也可能随着时代的发展而有所变化。当然，因为成语本身所具的经典性，成语的这种变化比起词的变化来要小得多。我们今天能够看到的变化如成语譬如"前仆后继"变化为"前赴后继"，"揠苗助长"变化为"拔苗助长"。

## 三　惯用不惯用，不看三字格

### ——"惯用语"的名称及其所指

惯用语是近些年才被人们开发、研究的一类词汇单位，近些年来，有许多有关"惯用语"的论著出版，如《惯用语例释》（北京语言学院出版社，1985 年），《汉语惯用语词典》（外语教学与研究出版社，1985 年），《汉语惯用语大辞典》（天津教育出版社，1995 年），《新惯用语词典》（上海辞书出版社，1996 年）。"惯用语"的叫法似乎就是在这种研究热潮中被人们熟知并推广开的。20 世纪 50 年代以前，"惯用语"的叫法并不常见。书刊上间或出现与"惯用语"类似的名称，但其所指却未必与今天绝大多数人所说的“惯用语”相合。如 1942 年方绳辉《成语和成语的运用》（《国文杂志》，第 2 卷 3 期）把成语分为 22 类，其中第 10 类叫做“惯语”，举例“就事论事”。今天绝大多数人所说的惯用语，至少在唐代就已露端倪，如李义山《杂纂》就收有“煞风景、爱便宜、无凭据、奴婢相”。然而李义山是把“煞风景、爱便宜、无凭据、奴婢相”等当做歇后语的“注”使用的，如“煞风景”就是多条歇后语的同一的“注”。这些“引”异“注”同（都用“煞风景”）的歇后语是：

松下喝道——煞风景　　看花泪下——煞风景
苔上铺席——煞风景　　斫却垂杨——煞风景
花下晒裩——煞风景　　游春重载——煞风景
石笋系马——煞风景　　月下把火——煞风景
步行将军——煞风景　　背山起楼——煞风景
果园种菜——煞风景　　花架下养鸡鸭——煞风景

说“煞风景”这样的单位与今天绝大多数人所认定的惯用语有着相似性，主要是因为它们也是“三字格”，三字格通常被人们认做惯用语特有的格式。说“煞风景”这样的单位与今天绝大多数人所认定的惯用语还存在着距离，主要是因为：在不少人看来，一个单位要被认做是惯用语须满足两个条件，即形式上的三字格和内容上的比喻性，而“煞风景”之类似乎只满足了形式上的三字格这一个条件；而且“煞风景”之类的单位还只是别类单位“歇后语”中的一个构成成分，而不是独立的单位。今天许多人所认定的那种形式上为三字格、内容上有比喻性的惯用语单位的大量出现，是李义山之后的事，特别是在清代学者的著述中更不难发现这类例子。像翟灏的《通俗编》、梁同书的《直语补证》、钱大昕的《恒言录》等书就收有不少为今天许多人称作“惯用语”的单位，如“笑面虎、怀鬼胎、走江湖、登龙门、护身符、耳边风、打秋风、千里眼”。然而，这样的单位是否就是惯用语，或者说用“惯用语”指这一类形式上是三字格、内容上有比喻性的单位是否适切，这是要打一个问号的。“笑面虎”之类被称作惯用语，也就意味着它们不是词或别的单位，之所以会被认做惯用语，仅仅因为它形式上为三字格、意义上有非字面性。但是，与“笑面虎”在一些方面存在着相似性的单位却不被人们称作惯用语，而被称作词甚至就认定它是自由短语，这样做的理由或者是那些单位的意义为字面性的或者是意义虽非字面性的而形式却又不属三字格。此种做法违背了分类标准的同一性原则，导致了分类的混乱，这当然是不合适的，需要认真对待和研究。

“笑面虎”被判定为惯用语的最主要根据实际上却仅是其意义的比喻性，形式上的三字格并不是一个绝对的标准。《汉语惯用语大辞典》是截至目前收条最多的一部惯用语类工具书，该辞典收条总数为 14 120 个，其中三字格的有 8 087 个，约占 57. 27%，如：

打圆场　乘东风　吃错药　绊脚石　挨黑枪　挺腰板
散摊子　骑虎背　老黄历　咬舌头　秋老虎　一勺烩
站干岸　装孙子　嘴把势　拉硬屎　老油子　扛大旗

形式上不取三字格的固定格式而也被作为惯用语收入《汉

语惯用语大辞典》的单位有6 033个，约占42.73%。这也被称作“惯用语”的6 000多个单位，形式不一，长短各异，从四字到十几字的均有：四字的如“不得烟抽、过路财神”，五字的如“脚踩两只船、好吃难消化”，六字的如“官盐当私盐卖、喝凉水都塞牙”，七字的如“嚼别人嚼过的馍、敬酒不吃吃罚酒”，八字的如“君子一言，快马一鞭”“癞蛤蟆想吃天鹅肉”，九字的如“老鸹窠里钻出凤凰来”“老天爷饿不死瞎家雀”，十字的如“明知山有虎，偏向虎山行”“能挑千斤担，不挑九百九”，十字以上的如“以其人之道，还治其人之身”“你走你的阳关道，我走我的独木桥”。可见，在这被称作“惯用语”的众多的单位中，尽管三字格的占了二分之一强，却并不能说明三字格是惯用语的特有格式。

惯用语辞典不专收三字格却也把非三字格的单位作为收取对象的并不仅仅是《汉语惯用语大辞典》这一部，其他的惯用语类工具书也如此，如《惯用语例释》有“装洋蒜、一锅端、拿手戏、顺竿爬”这类，也有“喝西北风、打开话匣子、陈谷子烂芝麻、不管三七二十一”这些非三字格单位的；《汉语惯用语词典》除收录“三只手、冤大头、小九九、随份子”这样的单位，也收录“捅马蜂窝、铁将军把门、驴唇不对马嘴、一块石头落了地”这样非三字格的单位；《新惯用语词典》收录了“绕脖子、裙带风、一条龙、发烧友”这些三字格单位，也收录了“拳头产品、皮笑肉不笑、吃不了兜着走、横挑鼻子竖挑眼”这些非三字格的单位。尽管《惯用语例释》收条目总数为696个，三字格的有480个，约占68.97%，《汉语惯用语词典》收条目总数为 2 192 个，三字格的有 1 850 个，约占 84.40%，《新惯用语词典》收条目总数为 2 467 个，三字格的有 1 815 个，约占 73.57%，三部书中的三字格单位在各自词典中所占的比例超过了三字格单位在《汉语惯用语大辞典》中所占的比例，这些数据却也不能证明，所谓惯用语必以三字格为其特有的格式。

《现代汉语词典》收取大量的三字格为条，如“木变石、民主国、剪刀差、狗尿苔”。这些单位词的身份大概不会有谁怀疑。吕叔湘先生曾针对多语素单位何者算词何者不算词的问题谈道：“从词汇的角度看，双语素的组合多半可以算一个词，即使两个成分都可以单说，如‘电灯’、‘黄豆’。四个语素的组合多半可以算两个词，即使其中有一个不能单说，如‘无轨电车’、‘社办工厂’。三个语素的组合也是多数以作为一个词较好。例如‘人造丝’可以向‘人造纤维’看齐，作为两个词，但是‘人造革’只能作为一个词，与其把‘人造丝’和‘人造革’作不同处理（类似‘鸡蛋’和‘鸭蛋’问题），不如让‘人造丝’和‘人造纤维’有所不同。”① 吕先生的意见是非常中肯的。现在的问题是：“木变石”等被公认是词，而“穿小鞋”等却被一些学者认做惯用语。之所以会有如此不同的认识，原因就在于“木变石”等的意义只是字面所呈现的意义，“笑面虎”等的意义是不能从字面直接理解的意义。几乎所有把“笑面虎”类的单位视为惯用语的著作都有着类似的表

① 吕叔湘. 汉语语法分析问题. 北京：商务印书馆，1979

述，即强调惯用语是具有抽象意义或比喻意义的一类，如《惯用语》（内蒙古人民出版社，1982年）、《惯用语再探》（山东教育出版社，1985年）、《词汇》（上海教育出版社，1983年）、《熟语浅说》（中国物资出版社，1989年）。但是我们很难为这些著作把词和惯用语分开来的理论找到有说服力的根据，恰恰相反，分析的结果只是证明了“木变石”和“笑面虎”并非一者为词一者为惯用语，而应是同一类的语言单位——词。

由三个有义字构成的单位，不能因为它们能或不能从字面上理解意义，而将之分为词和惯用语。被公认为复合词的双字单位，也存在着从字面上能或不能理解意义的情况，不能从字面上直接理解意义的如“佛手、龙眼、吊钟、金莲”，能从字面呈现的意义的如“体形、奶油、楼房、教室”。但是很少有人因“佛手”和“体形”在意义上的分别而把前者算作惯用语或其他而只把后者算作词。[①] 被公认作非词的一些四字单位，也同样存在着能不能从字面上理解意义的情形，不能从字面上直接理解的如“鹤立鸡群、黔驴技穷、朝秦暮楚、狂蜂浪蝶”，能从字面所呈现意义的如“文从字顺、审时度势、卖官鬻爵、发人深省”。但却未见有人因“鹤立鸡群”和“文从字顺”在意义上的这种分别而把前者划归惯用语或其他熟语，把后者划归词。[②] 从“笑面虎”和“木变石”这两类情况来看，如果因

① 清代学者中有一些人将“推敲、芹意”这样的单位视为成语，现代学者中又有人（刘洁修，1985年）称之为“二字成语”。这种观点值得细加斟酌。

② 倒是有学者（如刘叔新，1982年）把上述两者都看成语，只不过是以有无比喻的双层性为据，把“鹤立鸡群”这样的单位视为成语，把“文从字顺”这样的单位看成惯用语。

为它们一者的意义不能从字面上理解，一者的意义可以从字面上理解，而把它们分作语和词，那么我们就没有理由不把“佛手”和“体形”、“鹤立鸡群”和“文从字顺”也分开来，即把“佛手”算作惯用语或其他语把“体形”算作词，把“鹤立鸡群”算作惯用语或其他语把“文从字顺”算作词，而不像现在这样处理。

在语言研究中似乎很难单凭意义的标准而为语言单位分类，那样分出的类别也不太能够靠得住。以意义为标准对语言单位进行分类时必须以一定的形式为依托，在考虑意义标准时须考虑形式标准。这大概可以说是语言研究的一个通则，任何一类语言单位的研究概莫能外。对“笑面虎”和“木变石”的分类就是如此。假如我们单纯依靠意义标准而不考虑形式标准地将前者视为惯用语把后者看做词，那么能够仿此去做的就不仅仅是三字格这一类，几乎所有类型的语言词汇单位都可以按照有是否能从字面上理解意义分类，这样分类的结果也就可想而知。坚持以意义标准分开“笑面虎”和“木变石”的学者观点也不尽一致，有人把意义不能从字面上理解的一些双字格的单位也叫做惯用语，如《惯用语例释》《汉语惯用语词典》《新惯用语词典》三部词典就分别收取了“扯皮、穿线、搭桥、放羊”“溜边儿、露馅儿、念心儿、没门儿”“撞车、曝光、滑坡、跳槽”等。但是语言中有更多意义不能从字面上理解的双字格单位，却又未被上述三部词典考虑收入，让人感到莫名其妙，如

“袍泽、杀青、杜撰、丹青、斗眼、分袂、锋镝、腹案”；① 另外的学者似乎没把那些意义不能从字面上理解的双字格单位径看做惯用语而认为它也可是词，如有人曾列举出“吹牛皮—吹牛”“狗扯皮—扯皮”“扯后腿—扯腿”“装洋蒜—装蒜”“拍马屁—拍马”“踢皮球—踢球”这样一组一组的例子，指出：“前者是惯用语，后者是词。”但他们又进一步说道：“如果把‘吹牛皮’和‘吹牛’分别对待，则前者是‘语’，后者是‘词’；如果说‘吹牛’是‘吹牛皮’的节缩，则‘吹牛’既可以看做是词，又可看做是语。”② 这反映了由于单纯以意义为标准致使学者们在这一问题上出现的认识的混乱。实际上“吹牛、扯皮”之类还是应该看做词，因为同样是意义非字面性的单位如“佛手、金莲”等却从未有人将其视作语，也不应视为语。“吹牛、扯皮”之类如果可以看做词的话，“吹牛皮、狗扯皮”之类就没有什么理由视为语，无论是从形式上看还是从内容上看都莫不如此。

一个单位（无论是三字格、四字格、双字格的单位还是其他没有固定格式的单位）被划定为词或语，不能仅以意义能否从字面理解为标准。仅以意义为标准来划分词、语，会遇到许多的困难。除了以上所谈的以意义为标准却又无法使此标准在三字格和三字格之外的单位的划分上一律以外，还有三字格本

① 如果一定要以意义是否字面性的为标准来分别语言单位的话，则“扯皮、穿线、搭桥、放羊”等就因为它们的意义不能从字面上理解而面临无所归属的命运。因为，从现有的学者的研究状况看，有人把它们归入成语，有人把它们归入惯用语，更有人把它们归入词。

② 马国凡，高歌东．惯用语．呼和浩特：内蒙古人民出版社，1982

身的一些无法克服的困难。三字格有的虽是单义的单位，但其意义却既可用于字面又可用于非字面，还有不少三字格是多义的。单义而既可用于字面又可用于非字面的三字格和多义而既有字面义又有非字面义的三字格，大量存在。这就出现了词、语身份难定的局面。循着惯常对惯用语的认识，我们只能说这种多义三字格既是词又是语，在字面义上是词，而在非字面义上是惯用语。但是，这样的解释在理论上是荒谬的，在实际的研究中也是行不通的。语言中并不存在亦词亦语的情况，亦词亦语实际上也就是非词非语。单义三字格其意义既可用于字面义又可用于非字面义的情况在语言中是客观存在的。下面的例子就摘取自《现代汉语词典》：

【冷热病】疟疾。比喻情绪忽高忽低。

【试金石】矿物，是含碳质的石英和蛋白石等的混合物，致密而坚硬，黑色，用黄金在试金石上画一条纹就可以看出黄金的成色。比喻精确可靠的检验方法和标准。

“冷热病、试金石”这样的单位如果以意义能否从字面上理解为标准来分类，那么无论词、语，它们都将无从归属。多义三字格既有字面义又有非字面义的情况更是普遍存在。下面的例子也摘自《现代汉语词典》：

【夹生饭】❶半生不熟的饭。❷比喻开始做没有做好再做也很难做好的事情，或开始没有彻底解决以后也很难解决的问题。

【讲价钱】❶讲价。❷比喻在接受任务或举行谈判时提出要求和条件。

“夹生饭、讲价钱”这样的单位如果以能否从字面上理解为标准来分类，我们只能在它们的字面义的义项上认定其为词，在非字面义的义项上认定其为惯用语或成语。而更大的问题是，大量的双字格单位也存在着单义而可在使用上分别出字面义和非字面义、多义而有字面义义项和非字面义义项的情况。下面的例子也摘自《现代汉语词典》：

【打气】加压力使气进入（球或轮胎等）。比喻鼓动。

【冷峭】形容冷气逼人。比喻为人刻薄，话语尖刻；严峻。

【将军】❶动 下象棋时攻击对方的“将”或“帅”。❷比喻给人出难题，使人为难。

【近视】❶视力缺陷的一种，能看清近处的东西，看不清远处的东西。❷比喻眼光短浅。

“打气、冷峭、将军、近视”这样的单位，或者义项是既用于字面义又用于非字面义的，或者既有字面义的义项又有非字面义的义项，那么这整个单位将何所归属？其实，不光双字格的单位存在着义项既用于字面义又用于非字面义，或义项中既有字面义的又有非字面义的问题，四字格单位也同样存在着类似的问题。以下前两个例子摘自《中国成语大辞典》，后两个例子摘自《现代汉语词典》：

【分道扬镳】指分路而行。《魏书·河间公齐传》：“子志……与御史中尉争路，俱入见，面陈得失……高祖曰：‘洛阳我之丰沛，自应分道扬镳。自今以后，可分路而行。’”比喻志趣不同，造诣不同，各走各的路。郭沫若《革命春秋·海涛集·涂家埠》：“于是我们的交情便进了一境，由‘貌合神离’

再变为‘分道扬镳’了。”

【眉高眼低】不愉快的脸色。明·张四淮《双烈记·计遣》：“大丈夫四海为家，那里不去了，怎肯受你家眉高眼低，干言湿语。”待人处世的方法。《三侠五义》三二回：“慢说走路，什么处儿的风俗，遇事眉高眼低，那算瞒不过小人的了。”

【可丁可卯】❶就着某个数量不多不少或就着某个范围不大不小。❷指严格遵守制度，不通融。

【连中三元】❶旧时指在乡试、会试、殿试中接连考取解元、会元、状元。❷比喻在三次考试或比赛中连续得胜，或在一项比赛中连续三次取得成功。

“分道扬镳、眉高眼低、可丁可卯、连中三元”这样的单位，是义项单一却可在使用上分为字面义和非字面义、或多个义项中有的属字面义有的属非字面义的典型代表，那么，这整个单位将归属何处？如果说“冷热病、试金石”这样的单位会因仅用意义标准分类导致无所归属的话，“打气、冷峭”和“分道扬镳、眉高眼低”这样的单位也面临着同样的命运。负责任地说，与其让“冷热病、试金石”以及“打气、冷峭、分道扬镳、眉高眼低”这些单位无所归属，毋宁放弃意义决定论，一个单位不管它的意义是字面上的还是非字面上的，该归入哪一类就让其归入哪一类。从实际情况出发考虑，把“笑面虎”这类单位与“明信片”统统划归词的范畴比把“笑面虎”与“明信片”分开来，无论在理论上还是在处理的技术上都适恰得多。“眉高眼低”也不应因其意义在使用上既有字面上的意义又有非字面上的意义就看做亦词亦语或非词非语，而应只将其归入语中。

把“笑面虎”与“明信片”都划归词的范畴，把“鹤立鸡群”与“文从字顺”都划归语的范畴，这种划分方式是有语言事实根据的。现代汉语中三音节词是仅次于双音节词的一个大类，像“明信片”这类意义是字面性的单位数量要远远超过“笑面虎”这类意义为非字面性的或义项中有非字面性意义的单位。因此，将“笑面虎”归入“明信片”所在的类中，就是顺理成章、自然而然的了。现代汉语中超过三音节的词是有一些的，如“电针疗法、国民经济、民族共同语、无后坐力炮”。四字及以上的形式是语习惯采用的，超过三字的词在数量上远远无法和语相比。因此，把“鹤立鸡群”归入“文从字顺”所在的类中是非常适恰合理的。

“笑面虎”之类划归词后，“惯用语”的叫法还有无保留的必要？如有保留的必要，它的所指又是什么？这又是不能不回答的重要问题。

“惯用语”的叫法尽管出现的历史并不长久，但是它通俗易懂，在含义上与熟语内部各类单位的叫法（成语、谚语、歇后语等）不相混同，因而有其存在的价值。“惯用语”的所指只能是语的一种，而不能是词，也不能兼指语和词。而“笑面虎”之类已划归词，就不能仍称“惯用语”。“惯用语”可用来指原“惯用语”中除去三字格的部分。原“惯用语”除去三字格的部分，已被不少学者在著作中列为单独的语型予以研究，但这一部分单位多被标以“俗语”的名目，如《中国俗语典》（四川教育出版社，1991 年）、《中国俗语》（上海文艺出版社，

1992年)、《俗语词典》(商务印书馆，1994年)、《中国俗语》(东方出版社，1996年)。“俗语”所指的应是俚俗的语句，与雅正的语言成分相对。[1] 能够归入雅正的熟语范畴的主要是成语，而能够算作俗语的熟语却有谚语、歇后语等多类，因为后者多出自民间，常为下层百姓所用，是在很长一段历史时期内被视为不登大雅之堂的俚俗的作品。[2] 俗语应是涵盖面很大的一个概念，不宜让它专指原惯用语中除去三字格后剩下的部分。原惯用语中除去三字格后剩下的那部分单位应该有一个专门的名称来称说，最易为人接受的就是“惯用语”，因为它的所指未发生太大的变化，只是由指原来的全部改为指其中的一部分——非三字格的单位。惯用语和谚语、歇后语等构成了俗语。惯用语也好，谚语、歇后语等也好，它们都非三字形式，也非少于三字的形式，而是由至少四字构成的俚俗的单位，如“好吃懒做、坑东灭伙、人心隔肚皮、有一搭没一搭”。

惯用语有地域性。各方言都会有各自的惯用语，如天津话的“贼不走空”，北京话的“找不着北”，台湾话的“咸鱼翻身”。惯用语也有着较强的时代性，如“各说各话”就是晚近以来才在台湾流行的。惯用语亦有行业性，如矿山的“偷挖盗采”，商业界的“货到地头死”。惯用语与成语进行比较，雅俗立现。如“自暴自弃”是成语，“破罐破摔”则是惯用语。有的惯用语的语源亦可追溯，如“打一枪换一个地方”伴随20世纪50年代的电影《地道战》的热映而在内地汉语中流行。

---

① 周荐．熟语的经典性与非经典性．语文研究，1994（3）

② 周荐．论成语的经典性．南开学报，1997（2）

# 四 名不副实歇后语
## ——歇后语的来源和特点

### （一）歇后语的来源

歇后语早在唐代即已产生，但它在时人眼中近乎文字游戏，不为正统文学所认可。[①] 认为歇后语非雅言，将其排除于正统的文学语言之外，这种心态和做法不仅为封建时代的文人雅士所有，即或是在现代无产阶级作家中也还是存在的。[②] 这一认识传承千余年，未必没有道理。而古今文人之所以会有此种类似的认识，正是歇后语语意多俗白所致。其实，歇后语的俗白，不仅由其内容体现出来，其所用的引注型的语言形式也为俗白语体的表现提供了适合的外部条件。猜谜本身当然是一种游戏，而当人们用语言的形式将猜谜的过程程式化，使其成为一引（谜底）一注（谜面）的结构，这样的语言形式也就固化为适合表现猜谜活动的形式。无论古今，歇后语都不太适合用在严肃的外交场合，也不太适合表现严肃的文学主题，它更多地出现于闲适的作品中，因而带有较为浓重的幽默感和诙谐的色调。歇后语初现时，是只说出谜面，而把谜底留给他人去猜的，如“断送一生唯有”，将“酒”歇去不说。这正是“歇后”名称的由来。到后世，人们虽已逐渐习惯于将谜面、谜底和盘托出，

---

① 温端政．歇后语．北京：商务印书馆，1985

② 茅盾．新的现实和新的任务．人民文学，1953（11）

但还多少残留着某甲打谜令某乙猜谜的遗迹。正因此故，所有的歇后语都会分为前后两截，中间或用破折号或用逗号隔开，表示停顿，给人以思索、猜测的时间，如“十五个吊桶打水——七上八下”“麻绳穿豆腐——别提了”。

歇后语是从“歇后”两字着眼的。也就是说，只要是歇后，即可认定其为歇后语。这样一来，有些熟语就存在着从歇后的角度看是歇后语，而从另一个角度看不是歇后语的情况了。如“塞翁失马，焉知非福”，单说“塞翁失马”，将“焉知非福”暂且歇去，那么“塞翁失马，安知非福”完全可以看做是歇后语；而从其形式上为四字格，语体上较为典雅的角度看，“塞翁失马”又可被归入成语的行列。歇后语不能认为是成语与惯用语的加合，即引子部分是有双层义的而注释部分是无双层义的。实际上相当一部分歇后语其注释部分的意义也是很难从字面上理解和解释的，如“张飞穿针——大眼瞪小眼”“武大郎卖豆腐——人软货不硬”。正是由于注释部分意义很难一下子索解才造成了真意、伪意两解的这种歇后语。

### （二）歇后语的语义特点

歇后语具有诙谐幽默的语义特点，这一点应无疑义。有学者曾为谚语、歇后语、惯用语三类作出性质特征上的归纳，认为谚语是“智慧结晶”的，惯用语是“映射时代”的，歇后语是“调侃活泼”的。[①] 谚语是否是“智慧结晶”的，惯用语是否是“映射时代”的，不予置评，而说歇后语是“调侃活泼”

① 王宁，邹晓丽．词汇．香港：海峰出版社，1998．197—236

的则是比较切近的。歇后语有来自方言的，如天津地区的“傻小子睡凉炕——全凭火力壮”，北京地区的“老虎吃天——无从下嘴”，广州地区的“周老十嫁女——不求人”，延吉地区的“延边人民——自己酎”。

绝大多数歇后语是典型的俗语，有的歇后语表现得更恶俗。无论是古代还是现代产生的歇后语，俗而不雅是它们一致的特征。古代的有上面谈到的《杂纂》中的例子，现代的有“王八屁股长疖子——烂龟腚（滥规定）”“屎壳郎趴河沿——混充王八犊子”这些市井常闻的例子。正因为歇后语俗的特征，一些给人感觉不雅的事物对象常常成为歇后语中谐谑、调侃的对象，例如：

屎壳郎爬到铁门上——充那大个的卯钉

屎壳郎坐轮船——臭名远洋

屎壳郎打哈欠——臭气熏天

屎壳郎插羽毛——冒充什么大尾巴鸟啊

屎壳郎扒车窗——露一小脸

屎壳郎戴面具——臭不要脸

屎壳郎掉粪坑——足吃足喝

屎壳郎娶臭大姐——臭味相投

如果篇幅足够大，还可继续列下去，有人称之为歇后语“屎壳郎”系列。歇后语很容易创造出来，如“文革”时样板戏《红灯记》中有句台词：“左手戴手套，自己人！”有人以此为歇后语，增加语言的谐谑效果。

### （三）歇后语的分类

歇后语分谐音式、谐意式、谐音兼谐意式三类。谐音式的如“绱鞋不使锥子——针（真）好”，谐意式的如“十五个吊桶打水——七上八下”，谐音兼谐意式的如“麻绳穿豆腐——提不起来”。歇后语有时照顾了音照顾不了义，音义难以兼顾。如“孔夫子打牌——和为贵”这条歇后语，注释语“和为贵”的“和”意义是“和平”，但是从引子“孔夫子打牌”来看，“和”又不是“和平”的“和（hé）”而是“和牌”的“和（hú）”。

## 五 俚俗亦珍品，大众出智慧

## ——谚语（歌谣）、格言（警句）

### （一）谚语（歌谣）

谚语具有俚俗性，但它也是语言词汇的珍品，反映出创制者的智慧。例如：

四两拨千斤　是药三分毒　人怕出名猪怕壮　宁吃飞禽四两，不吃走兽一斤　多个朋友多条路，多个仇人多堵墙　天下衙门朝南开，有理无钱莫进来

谚语往往有时代性。如产生并流传于封建社会的“知县案前有宰相，宰相案前无知县”，产生并流传于清嘉靖年间的民

谚“和珅跌倒，嘉靖吃饱”，产生并流行于20世纪八九十年代高校的“副教授满街走，讲师不如狗”，产生并流传于20世纪末、21世纪初的“上得厅堂，下得厨房”。谚语也有地域性，如北方地区的“二月二，龙抬头。大仓满，小仓流”，山西皮影艺人常说的“门里出身，自会三分”，西北地区的“人随王法草随风”，天津的“当当吃海货，不算不会过”，东北的“爹矬矬一个，娘矬矬一窝”，北京的“皇上不急太监急”，贵州的“天无三日晴，地无三尺平，人无三分银”，云南的“江南千条河，云贵万重山”，台湾的“细汉偷挽瓠，大汉偷牵牛”。谚语甚至有仅在某个狭小的地域内使用的情况，例如：

当地的交警，即便是最底层的协警，高峰时上路执勤，一天也能有近1 000元的灰色收入，当地俗称“分锅子”。当地甚至有“不紧不慢，一天一万”的民谚，以形容交警部门的灰色收入。（《山西警察夫妻被杀案》，《新世纪》，2010年11月24日）

“不紧不慢，一天一万”就是仅在当下山西洪洞县流行的一条谚语。再如西昌卫星发射中心所处的地方有一条谚语：“一年一场风，从春刮到冬，天上无飞鸟，地上不长草，风吹石头跑”。正是由于谚语的方言性，一些本属某一方言的谚语在流通于共同语后发生了某种变异，如“舍不得孩子套不住狼”在湖北、湖南等地本是“舍不得鞋子套不住狼”。不同方言可有内容相差无几的谚语。如普通话和北方方言区说的“肥水不流外人田”，在粤方言区说成“肥水不溢别田”，普通话和北方方言区的“三个臭皮匠，赛过诸葛亮”，台湾地区则说成“三个臭皮匠，赢过诸葛亮”。谚语有行业性，所以才有农谚、气象谚（含节气谚）甚至商谚等的分别，农谚如“人误地一时，地误人一年”“麦要浇芽，菜要浇花”，气象谚如“朝霞不出门，晚霞走千里”“长五月，短十月”，节气谚如“春打六九头”“白露秋分夜，一夜凉一夜”，商谚如“有儿坐盐店，强似做知县”“仁中取利真君子，义内求财大丈夫”。此外，谚语还有劝诫谚（如“三天不打，上房揭瓦”）、祝颂谚（如“福如东海，寿比南山”）等类别。

谚语也有创造于现当代的，如“大事化小，小事化了”“一方有难，八方支援”。当然更有流传久远的，如“人无千日好，花无百日红”“少年莫笑白头翁，花开能有几日红”。有些谚语未必符合科学。如俗话说“二十三，蹿一蹿”，意为孩子个子矮不用着急，23 岁还能猛地一下子蹿高。但专家称女子 16 岁时、男子 18 岁时，人体的骨干与骨骺接近完全融合，生长几乎终止，此后身高上“蹿”是不太可能的。

谚语的历史比任何词汇单位的历史长得多。当词、成语、惯用语、歇后语等名目的词汇单位尚未出现的时候，谚语就已经现实地存在于人们的语言生活中了。先秦典籍中不乏被称作“鄙语”“常言”“俚语”“俗语”“俚谚”，甚至就径称作“谚”谚语，如：“人无于水监，当于民监”（《尚书》：“古人有言曰：‘人无于水监，当于民监。’”）、“人莫知其子之恶，莫知其苗之硕”（《礼记》：“故好而知其恶，恶而知其美者，天下鲜矣。故谚有之曰‘人莫知其子之恶，莫知其苗之硕。’”）、“匹夫无罪，怀璧其罪”（《春秋·左传》：“周谚有之：‘匹夫无罪，怀璧其罪。’吾焉用此其以贾害也。”）“见兔而顾犬，未为晚也；亡羊而补牢，未为迟也”（《战国策》：“臣文鄙语曰：‘见兔而顾犬，未为晚也；亡羊而补牢，未为迟也。’”）。所有的谚语都先于记录它们的典籍而产生，是先在大众口头流传而后才为典籍所记载的，所以许慎《说文》道：“谚，传言也。”

谚语之出现于记录它们的典籍都是被引用；谚语是先在大众口头创造出来并且得到了大众和典籍记录整理者的普遍认可之后才进入书面的。在封建社会甚至更遥远的奴隶社会，为大众而不是为最高统治者所造的绝大多数谚语能够为掌控典籍记录整理之权的最高统治者的御用文人所相中、看重，说明它们以精辟的语言道出了某个真理或经验。虽然谚语从形式上看不具词的双字格、成语的四字格那样规整的格式，但它多用类似于后世的对仗的形式，而且尽可能叶韵，以便于上口。这也是谚语在被记录入典籍之前口耳相传时必需的条件。谚语的结构也是一个值得研究的问题。谚语一如成语等熟语，也同样存在着结构的问题。如谚语“嫁汉，嫁汉，穿衣吃饭”，“嫁汉”指的是行为，“穿衣吃饭”则是对“嫁汉”这一动作行为目的性的解释。

**（二）格言（警句）**

与谚语性质极其接近的是名言、格言和警句。名言、格言和警句很难作为独立的熟语类存在，它们只是谚语的下位单位。表劝诫和祝颂等的谚语，倘若出自名人之口，即成为名言，若警示性较强，即成为格言或警句。如下的例子就或是名言，或是格言、警句：

遍览前朝国与家，成由勤俭败由奢。　常将有日思无日，

莫到无时想有时 。 吃不穷，穿不穷，算计不到一世穷。 谨言慎行处事宝，勤劳俭朴幸福根。

谚语有祈祝性的，但是并非祈祝性的都是谚语。祈祝性词语是表达人们祈望某人或某事物达到某种境界或状态的祝愿之词，虽不免有夸张的成分，但属正常心理下产生的语汇现象，无可厚非。然而在封建时代有些却成了专用于对帝王的颂圣谀辞，如“千岁、万岁、万寿、万寿无疆、彭寿”。对帝王的颂圣谀辞，有的只用于古代，如“千岁”，有的也可用于现代，如“万岁、万寿无疆”。祈祝性词语在古代是非常丰富的，有用于人的，如上例；有用于年节的，如“丰年吉兆、岁岁平安”；有用于江山社稷的，如“金瓯永固、福祚万年”。

# 第八章

## 词汇的发展

规范与嬗变

# 一　永恒的发展，不规律中的规律

## ——词汇的发展和变化态势

语言是为人所用的交际交流工具，它充满了活力。语言中众多词语的发展，久而久之自然会引起整个词汇的变化。词汇的发展、变化是每时每刻都在发生的，因为它时刻追踪着社会每一点每一滴的变化，并全面而及时地加以反映。时有古今，地有南北，词汇的发展和变化，在时空上表现得尤其明显。

当人们从时间的角度远距离地观察时，会对词汇的历时发展变化有更真切的感受。如同样是表示地球绕太阳一周的时间单位，从唐尧虞舜时期到夏商周，说法代有不同，《尔雅·释天》载：“夏曰‘岁’，商曰‘祀’，周曰‘年’，唐虞曰‘载’。”同一事物对象在同一种语言的不同时期存在多种不同的说法，这是可以理解的；若发展到语言的某一时代还保存有意义完全一致的多种说法，势必会造成语言使用者的困惑和语言自身的混乱，于是意义分化，令其有不同的所指，这是词汇发展的必然。上述在夏、商、周和唐虞各个朝代表示同一概念的“岁、祀、年、载”四个词，在今天意义早已发生了变化，有了不同的所指。

同一对象各个朝代不同的说法如果全部汇集到后代，可能会给语言带来不小的冗余度，这就需要语言启动它存优汰劣的机制。一些古代的词语，只有个别有代表性的被保留了下来，其他的则被淘汰掉，例如“状元、榜眼、探花”只保留了“状元”一词（如今天所谓的“高考状元”），当然意义与所指都发生了些微变化。无论词汇怎样发展变化，有一点是明确的：只要这种语言是有生机和活力的，被淘汰掉的词语的数量就远不及保留下来和新生词语的数量多。从古至今汉语词汇发展的态势是，词语的总量一直在增加。

当人们从空间的角度视野开阔地观察时，会对词汇的共时变异情况有更清晰的认识。如汉代扬雄的《方言》记录了当时为数众多的方言材料：“虔、散，杀也。东齐曰散，青徐淮楚之间曰虔”，“速、逞、摇扇，疾也。东齐海岱之间曰速，燕之外鄙、朝鲜洌水之间曰摇扇，楚曰逞”。同一事物对象在同一种语言的地域分布上存在着多种不同的说法，这不仅在“山川阻隔，无舟楫可通”的古代是常见的现象，即使是在高速公路网遍布全国的当代也并不罕见。一种语言，尤其是其词汇，因使用者在辽阔地域上的分布而产生的离心式的变异，这是语言发展的自然趋势。然而，语言产生的目的是进行人与人之间的交际，交际本身就对语言提出向心式规范的要求。使用同一种语言而分处各地的人们同样需要沟通和联系，这就有了了解彼此差异、求同汰异的需求，也就是产生了词汇规范的需要。无论是古代的通语还是现代的普通话，都极大地推动了语言的规范，尤其是词汇的规范。正由于此，现代汉语数以万计的词语才在广袤的国土上为包括相当数量的少数民族同胞在内的十几亿人民理解和使用。

汉语词汇在数千年的历史中的发展变化是非常显著的。有人说，汉语词汇在最近数百年间的最大变化是由单音词发展为双音词。其实汉语词汇的双音化运动很早就发端了，而且这一运动迄今也未止歇。如我们谈到一些单字的机关团体名称时常会为之加上一个“里”字以造成双字结构，如“村里、乡里、县里、市里、省里、系里、厂里、街里、团里、军里”。发展至今的汉语词汇，有两个显著特征：一个是重偶不重奇，所以才会有双字格词和四字格成语等大量产生；另一个是用比兴手法造词，创制出美好而略带夸张意味的词语。

## 二　造词运动中的词汇分布
### ——缺位、补位、占位、错位、易位

词汇是语言中有血有肉的组织，肩负着传达中枢信号和命令的重任，时刻不可或缺；它仿佛是大地上恣意流动的河流，何处缺少水分便流向何处；它又好像一支攻无不克的军队，无论哪里的无名高地，只要它认为有必要便挥师占领之，当仁不让。正因有以上特点，词汇的分布呈现出缺位与补位、占位与错位甚至易位等情形。

### （一）缺位与补位

造词是一项较为复杂的运动。存在的事物可由词来表现，亦可能没有现成的词来表现。该有词语来表现而没有，谓之词语缺位；创造词语补上词语的缺位，谓之词语补位。如戏剧演出结束，观众离开剧场，叫“散戏”；而电影演出结束，观众

离开影院，却没有“散影”这样的词来表现。这就是词语缺位的现象。再如，公马和母驴交配所生的杂种动物叫“驴骡”，公驴和母马交配所生的杂种动物叫“马骡”，雄虎和雌狮交配后生出的杂种动物叫“虎狮兽”，雄狮和母虎交配后生出的杂种动物叫“狮虎兽”，但是狼和狗杂交生出的后代，无论是公狼母狗生出的还是公狗母狼所生的，都叫“狼狗”。[①] 这也是一种形式的缺位。不必补位的，就很难称作缺位。如有“烟鬼”也有“酒鬼”，但是有“烟民”却无“酒民”。语言中没有“酒民”，这不能算作缺位。因为吸烟中人数远比饮酒者多，因此有“烟民”无“酒民”乃是理所当然。

词语缺位的现象，可能在此种语言（方言）中存在，在彼种语言（方言）中不存在。如雄性狮子和雌性老虎、雄性老虎和雌性狮子交配产生的后代，汉语分别以“狮虎兽”、“虎狮兽”名之，而英语中，无论是雄性狮子和雌性老虎还是雄性老虎和雌性狮子交配产生的后代，只有 liger 这一个词来称谓。2009 年 5 月 13 日有博客发帖《2000 年到 2009 年出生的人该叫什么“后”?》。是否可以称“00 后”？从 1920 年或 1921 年开始叫 20 世纪 20 年代，从 1930 年或 1931 年开始叫 20 世纪 30 年代，但是从 1900 年或 1901 年开始叫 20 世纪的什么年代？是否可称“零十年代”？从 1910 年或 1911 年开始叫 20 世纪的什么

① 需要注意的是，不能一看到一种动物名与另一种动物名组合在一起构成一个新的动物名，就认为它是两种动物杂交的产物。如豹猫其实就是狸猫，又叫山猫、野猫，在动物分类中属于哺乳纲、食肉目、猫科。它不是公豹、母猫或公猫、母豹的后代，也不存在“猫豹”缺位的问题。

年代？是否可以叫“十年代”或“一十年代”？这些都是就词语缺位时如何补位所作的考虑。

词语缺位一旦影响了人们交际，就必须补上，也就是补位。如21世纪初汉语语言生活中先出现了“超女”（根据“超级女声”简缩而来）一词，很快人们便发现语言生活中事实上还存在着“快乐男声”这一事物，于是乎词汇中便迅速出现了个“快男”进行了补位。用来补位的词语很可能始见于方言或个人的言语中，而后才慢慢为共同语考虑吸收或接受。如古代为师者大多是男人，男老师的夫人称“师母”。但是现代为师者女性不少于男性，女老师的丈夫该如何称呼？这在汉语普通话中就是缺位。台湾的国语中对女教师的夫君有“师丈”的称谓，它在台湾地区的汉语中起到了为汉语共同语补位的作用。虽然“师丈”的使用目前还只局限于台湾，但是未来能否为汉民族共同语所接受，也未可知。称女老师之夫为“师丈”，大概是类推在起作用，因为姑妈的丈夫为“姑丈”，姨妈的丈夫为“姨丈”，那么女老师的丈夫为“师丈”也就顺理成章了。再如鲁迅根据与“大众”相反的状况的缺位造出的“小众”，就是对词语的补位。目前，“小众”的使用似乎早已越出了“小众”的范围。不是所有的缺位都可以补位或补位成功，语言中存在着对缺位的容忍度。如汉语称学兄的妻子为“学嫂”，那么学姐、学弟、学妹的配偶该如何称呼呢？再如夫为老板，妻则被称为“老板娘”，妻为老板，夫又称作什么呢？这些都是目前看来还无法补上的缺位现象。

### （二）占位与错位

存在的事物尚无现成的词语称谓，语言社会可能造出若干个词语来称之。若干个词语竞争一个位置，谓之词语占位；一旦一个旧位置已由一个词占领，语言社会可能造出一个新的词语来表明它所占领的是不同于旧位置的新位置，这种情况谓之词语错位。例如“国联”是旧的“国际联盟”的缩略，英文名为 League of Nations，汉语译为“国际联合会”，简称“国联”。它是根据1919年巴黎和会上通过的《国联盟约》，于第一次世界大战结束后不久的1920年1月成立的一个国际组织，总部设在日内瓦。“国联”虽是各国为防止武装冲突、确保普遍和平与安全而建立国际机构的第一次尝试，但在实践中并没有起到维护和平的作用，1946年4月“国联”宣告解散。“二战”结束后的1945年10月24日，新的国际组织 United Nations 成立，对这个新概念，我们不能再用“国联”来指称它，尽管它的表意十分恰切，因为“国联”已为 League of Nations 占位。新的国际组织被汉语称作“联合国”，这样称呼它正是为了错位。按照汉语的构词规则，“联合国”的重心是“国”，如同“美国、英国、俄国、法国”一样。但“联合国”并非一个国，“联合国”的叫法与这个新的国际组织之实不相符合，但是“国联”已被占位，实是无奈之举。“中央电视台”本可仿照“中央戏剧学院”略作“中戏”那样略作“中视”，但“中视”已为捷足先登的“中国电视公司”占位，于是“中央电视台”只好错位略作“央视”。“北影”是“北京电影制片厂”的简缩，“北京电影学院”因为北京电影制片厂的占位，不能简缩作“北影”，而只好简缩为“北电”。鸡胸脯上的肉，本应叫做“鸡胸”，但一种人的胸部疾患已用“鸡胸”来指称，鸡胸脯上的肉只能另外造词。叫“鸡乳”显然不妥，因为鸡没有乳房，于是便根据“胸脯”造出了“鸡脯”。表示学生从注册入学到毕业的在校学习时间这一概念所用的词是“学制”，其实“学制”从词语构成上丝毫也看不出其所表示的是上述概念。表示上述概念最恰当的词应是“学时”，但“学时”已用来表示学习的单位时间，已然占位，因此表示上述概念时不得不另造“学制”这样的词。

词语占位不见得都以时间先后为序，有的可能有其他因素在起作用。如东部亚洲称“东亚”，北部美洲称“北美”，中部欧洲称“中欧”，而南部非洲却不能称“南非”，因为“南非”是国名，南部非洲只能以“南部非洲”名之。再如位于南美洲西北部的厄瓜多尔共和国（The Republic of Ecuador）在16—19世纪长达三个世纪为西班牙占领，成为西班牙殖民地，西班牙语对厄瓜多尔的影响在在可见。就连国名“厄瓜多尔”也是西班牙语“赤道”的意思。汉语没有将 Ecuador 译作“赤道”来指此国家，因为“赤道”已指环绕地球表面与南北两极距离相等的圆周线，已有占位，所以汉语对其国名用音译形式，以避免重复。

**（三）易位**

一个旧词语虽可表达此一对象却在表达彼一对象，那么语言社会可能新造出一个词语来，从而使旧词语只表达彼对象，将此对象留给新词语来表达。这种情形谓之词语易位。如哀悼仪式上有个程序叫“脱帽”。帽子穿戴上身的动作叫“戴（帽子)”，帽子从身上除下的动作叫“摘（帽子)”。哀悼仪式上将帽子从身上除下的动作也应该叫“摘帽子”或“摘帽”才对。但是之所以不用“摘帽”而另造“脱帽”一词，是因为“摘帽”已占位于“摘除政治性的结论”。现在改用“脱帽”就是一种词语易位。在清代，看戏的地方叫“茶园”，因为人们到那个地方去要一边喝茶一边看戏，喝茶甚至重于看戏。民国以后，人们再到看戏的地方去，虽然那里可能还能喝茶，但人们显然不再以喝茶为主而是以看戏为主，于是看戏的地方也就由“茶园”改为“戏园”了，真正喝茶的地方才叫“茶园”。看戏的地方由“茶园”变为“戏园”就是一种词语易位。

## 三 历史变异和语用变异

### ——词汇单位的变异

### （一）词汇历史变异

词汇单位的变异存在着两种基本的类型，一种是历史变异，另一种是语用变异。

词汇历史变异的实例，在汉语这样历史悠久的语言中俯拾即是，它分词汇个例的历史变异和词汇整体的历史变异两类情形。词汇个例的历史变异如“翻箱倒箧”变为“翻箱倒柜”，“秤心如意”改为“称心如意”，“削趾适屦”变为“削足适履”，“揠苗助长”变为“拔苗助长”，都属于词汇个例的历史变异的情况。词汇整体的历史变异情况也有不少。例如量词是词汇中较为传统的类，从上古产生的量词直至近代的量词都是单字词，如专用于对马计数的“匹”，专用于对鱼计数的“尾”，专用于对成套的衣服计数的“袭”，专用于对鞋袜计数的“緉”；更无需说“个、条、只、把”等普通的单字量词了。汉语量词的这种情况对外来词的引进产生了影响。近现代以来引进汉语的外来成分多表现为单字词，例如英语中的 mile 汉语译作“迈”，英语中的 ton 汉语译作“吨”。也有一些外来成分初译为汉语时是复字外来词，但很快就销声匿迹或改译作单字，例如英语的 dyne，汉语初译作“达因”，后不见踪影；法语的 denier，汉语初译作“旦尼尔”，后略作“旦”。量词的这种传统性甚至导致语言和文字的分离，即使语言上无法改变复字量词的事实，书写上也让它表现为一个汉字，如语言中的“公两”写作“兩”，“公寸”写作“吋”。

汉语量词由单字为主发展为复字为主，即发展为合成量词，是伴随着他类词的发展一同发展的。近现代以来产生的合成量词分复合量词和派生量词两类。复合量词多是因应近代以来科学技术的发展而产生的，如“批次、车公里、吨公里、秒差距、体积吨”；派生量词则多为民间创造的，口语性较强，如“口子”（如“他家有十几~人呢”）、“起子”（如“昨天夜里他家来了好几~客人哩”）、“下子”（如“用砖头照鬼子后脑勺来上那么两~，鬼子蹬蹬腿儿就不动劲儿了”）。合成量词一般是近现代的产物，如合成量词“人份”，2010 年 12 月 27 日中国新闻网其中一个标题“体重近300公斤女子吃下数十人份圣诞大餐”。

量词之外，其他词类的词语的历史变异更难计数，拿最近几年发生变异的一些词为例：“感动”原本对象只能是表示人的代词或名词，但近些年来却出现了“感动中国”这样的搭配；“解读”原本支配的对象是读物或密码等，现在的客体常是人了；“读懂”的对象本来也只能是“书”，但是近来也有了“读懂我”之类的说法，对象也是客体的人了；“之前”本来只能出现在其他一些词语之后，组成“……之前”，但是最近用法却发生了变化，可以无前加成分而独立使用，意义和用法仿佛与“此前”相同了。

### （二）词汇语用变异

词语在使用中总会发生一些变异，这种语用变异有不少表现为释义性的变异，常见于人们的日常生活中。例如“名片”是交际时所用的印有自己姓名等信息的长方形硬纸片，但却被一些人用相声式的手法解释为“明着骗”；“美丽动人”是指一些女人貌美而能打动人，但却被一些人用来讥讽寒冷季节着单衣的女孩子时改称“美丽冻人”。澳门街头跑动的公交车上印着“买票卖票都有罪，时刻警醒贪念除”，乍一看令人悚然心惊。乘公交车乘客“买票”、司售人员“卖票”天经地义，何罪之有？再一细看，后边还有一行小字：“2009年立法会选举”。原来车身上的话是立法会选举的宣传口号，所谓“买票”、“卖票”指的是选举中的贿选行为。2009年9月16日深圳新闻网上有则消息称“按照有关部门的设想，深圳拟于2010年启动‘禁电’”。何谓“禁电”？难道是不允许使用民用电力？

再看题目“深圳拟于2010年禁行电动自行车”，乃知“禁电”的“电”原来是“电动自行车”的省略！

这种释义性的语用变异，可能有助于新的词汇成分的生成。如民间所谓“三个臭皮匠，赛过一个诸葛亮”中的“皮匠”，实际上应为“裨将”。但是民间照旧说成、理解成“皮匠”，却也不能说毫无道理。再如“炸弹”按照《现代汉语词典》的释义是“一种爆炸性武器，通常外壳用铁制成，里面装有炸药，触动信管就爆炸”。一些恐怖主义者明明没有在某处安放炸弹却散布消息说已安放了炸弹，以在社会上制造紧张恐怖的气氛。这种名有实无的炸弹被人们称作“诈弹”。“诈弹”是根据“炸弹”仿拟造出的。

当然，这种释义性的语用变异多是个人性的、临时性的。如“母校”的意义是自己所从出的学校，但在国民党主席连战2005年4月29日的北京大学演讲中有这样的话：“台湾的媒体，说我今天回母校——母亲的学校。这是很正确的报道。”这种释义性的语用变异就是连战个人的、临时性的言语行为。

由词汇的语用变异衍生出的一个问题，就是擅改词语的问题。擅改词语的问题多发生在成语上，如有车行将“我行我素”擅改为“我行我速”，医药界有人为推销痔疮药而将“有志不在年高”擅改为“有痣不在年高”，餐饮业有人将“遥遥领先”擅改为“肴肴领先”，电脑行有人将“马到成功”擅改为“码到成功”。擅改词语的现象不止内地有，在汉语的其他社区也同样存在，如2009年台湾有关当局在台北等地贴出的兵役宣传招贴中就有“有情有役”的字样。当然，这种改法已受到社会的批评。但是也有擅改成语而为人们所肯定者，如有人因痛恨腐败不绝的现象而将成语“前赴后继”改为“前腐后继”，之后在社会各界广为援用。成语变异最著名的就是“望×兴叹”，上不了网便“望网兴叹”，挤不上车便“望车兴叹”，吃不上菜便“望菜兴叹”，住不了楼便“望楼兴叹”，总之，凡达不到某个愿望，便可造出“望×兴叹”的感叹。相似的有“谈×色变”。除成语外，词也存在着被擅改的问题。如2005年3月25日东方网刊出署名文章《各地景点门票‘涨声’不断 政府部门开始出拳》，其中的“涨声”谐音“掌声”。

擅改词语的另一种表现，是将词语固有的格式或读法加以改变。如一些四字格的固定短语，本非2+2式，但在不少人的嘴里却成了2+2式。如“有则改之，无则加勉”本应读作“有/则改之，无/则加勉”，却被读作“有则/改之，无则/加勉”；“太皇太后”本应读作“太/皇太后”，但几乎无人不将其读作“太皇/太后”；“畅所欲言”本应读作“畅/所欲言”，但几乎所有的人都将它读作“畅所/欲言”；“寄人篱下”本应读作“寄/人篱下”，但差不多所有人都读作“寄人/篱下”；“新新人类”本应读为“新/新人类”，但几乎所有人都将其读作“新新/人类”。此种情况不只发生在晚近之后，而且在上古即已发生。如《诗经·商颂·玄鸟》有句“天命玄鸟，降而生商”，《毛传》解释道：“春分玄鸟降，汤之先祖有娀氏女简狄配高辛氏帝，帝率与之祈于郊禖而生契。故本其为天所命，以玄鸟至焉。”陆宗达《训诂简论》据此推断“‘玄鸟降’是‘春分’节气的别名”，并指出“‘天命玄鸟降而生商’八个字按照意义应分为‘天命’‘玄鸟降’‘而生商’三个小句子，但是乐人在歌颂时，却必须是四个字一句”。此种情况的发生，与四字词汇单位中的相当一部分结构为 2 +2 式有密切的关系，如“藏龙/卧虎”“冰肌/玉骨”“布衣/蔬食”“吃里/扒外”。实际语言中不乏将 2 +2 式读作 1 +3 式或 3 +1 式的情形。如辽宁省锦州市有家久负盛名的驴肉制品的餐厅，店主姓秦行三，该店便取名“秦三驴肉蒸饺”。它的正确读法应该是“秦三/驴肉/蒸饺”，然而当地不少人却将其戏谑地读作“秦三驴/肉蒸饺”。

词汇的语用变异还有一种情况，就是在语言运用中对词语进行人工干预。在一些方言中，为了杜绝误读误听的情况出现，故意将一些词语的读音或写法改变，如将“零”读作“洞”，将“七”读作“拐”，将“一”读作“幺”；将“一二三”的“一”写作“乙”，将“一文钱”的“文”写作“蚊”。

## 四　形异实同，形同实异

### ——异形词、同音词和同形词

#### （一）异形词

谈到词汇单位的规范，异形词是一项重要的内容。理想的词典所收的条目应该是一词一条、一条一形，理想的词语也应该是出之于口的为一个语音形式，书之于纸的为一个书写形式，然而由于历史上各种各样的原因，今天的汉语中存在着不少同一词位而有不同书写形式的词——异形词，如“黑糊糊、黑乎乎”“耿直、梗直、鲠直”。

异形词不是语言中的“一组词”，不论书写形式有多少个，在实际语言中都只是一个词；它是一个词位在书写上表现为若干个变体的现象。异形词是用若干个形体表示一个材料，或者说一个材料由若干个形体来代表。异形词是一个词位在书面上有若干种不同写法的用词现象；异形词的若干个形体在共有一个意义的前提下，多有着同一的语音形式，少数语音形式略有参差；异形词从最初形成的角度着眼，各形体有使用上的代换关系，但从规范的角度看，几个形体可以而且应该分别出正体、异体，以利于人们的使用。

异形词当然是就一种语言系统内部的词汇关系而言的，不属一种语言的词汇现象不能视为异形词，如“学长”在现代汉语中有两个义项，第一个义项是对同学的尊称（多指比自己年级高的），第二个义项是旧时对大学各科负责人的称谓。而现代韩国语里亦有“学长”一词，它仅有现代汉语的第一个义项，而没有第二个义项。再如“总长”在现代汉语里有两个义项，第一个义项是北洋军阀时期中央政府各部的最高长官，第二个义项表示总参谋长。而现代韩国语里亦有“总长”一词，它的意义是大学校长。

**（二）同音词**

同音词，是从一个词与另外的词完全相同的语音形式这个角度所作的分类。同音词实际上也可说是同形词。但是词除有语音形式外还有书写形式，书写形式相同的词，似更有资格称

"同形词"。

"同音词"所关注的仅仅是音这个形式而已，并不关注其他。如此看来，一些著作为同音词所下的"语音形式相同而意义不同的词"或"语音形式相同而字形不同的词"的定义是存在问题的。同音词因字形的异同而存在着三大类别：

第一类，书写形式完全不同的同音词。例如：

李—里—礼—理　晚—碗—皖—挽

清脆—青翠　冲击—充饥　机关—鸡冠　叫停—教廷

歧视—骑士—奇事　犀利—淅沥—西历　公式—攻势—工事—宫室

第二类，书写形式部分相同的同音词。此类又分两小类：

①词的前半部分书写形式相同，后半部分书写形式相异的。例如：

上风—上峰　死结—死节　算是—算式　看重—看中

公事—公式　满族—满足　小麦—小卖　过渡—过度

先觉—先决　女生—女声　基因—基音　狼毫—狼嚎

②词的后半部分书写形式相同，前半部分书写形式相异的。例如：

明文—铭文　漏风—露风　狭义—侠义　皇帝—黄帝

文理—纹理　生平—升平　工会—公会　介词—借词

公事—工事　钎子—签子—扦子　吸力—悉力—惜力

第三类，书写形式完全相同的同音词。例如：

仪表（人）—仪表（设备）　杜鹃（花名）—杜鹃（鸟名）

将军（名词）—将军（动词）　乖乖（表示讶异或赞叹的

叹词）—乖乖（形容词或名词）

第一类仅仅在语音形式上相同；第二类不仅在语音形式上相同，而且在字形上也部分相同，如果把字形的因素也考虑进去的话，则该类词可称作半同形同音词；第三类不仅在语音形式上相同，在字形上也完全相同，如果把字形的因素也考虑进去的话，则该类词可称作全同形同音词。

同音字的情况较为普遍。同音词词长愈长，其同音的几率愈低。同音词词长最长的大概就是双字的词。

**（三）同形词**

同形词是从词的书写形式的角度为不同的词所作的归纳。一个词，当其书写形式与他词有相同的关系时，并不能排除其与跟它同形的词在语音形式上也具有完全相同或部分相同的关系。“同形词”所关注的仅仅是字形相同而已，并不关注其他。如此看来，一些著作为同形词所下的“书写形式相同而意义不同的词”或“书写形式相同而语音形式不同的词”的定义，是有问题的。所谓的同形词，指的就是因书写形式完全相同而被归纳到一处的一组词。同形词因语音形式的异同而存在着三大类别：

第一类，语音形式完全不同的同形词。例如：

还（hái）—还（huán）

和（hé）—和（hè）—和（huò）—和（huó）—和（hú）

第二类，语音形式部分相同的同形词。此类又可分为两小类：

①词的前半部分语音形式相同的。例如：

播种（bōzhǒng）—播种（bōzhòng）

下水（xiàshuǐ）—下水（xiàshui）

②词的后半部分语音形式相同的。例如：

倒车（dàochē）—倒车（dǎochē）

曲种（qǔzhǒng）—曲种（qūzhǒng）

第三类，语音形式完全相同的同形词。例如：

苏子（白苏或紫苏的种子）—苏子（指苏轼）

对眼（合乎自己的眼光，满意）—对眼（内斜视的通称）

第一类词书写形式相同而语音形式全异，自然只是同形词；第二类词的部分语音形式相同，部分语音形式相异，而书写形式完全相同，当然仍只是同形词；第三类词不仅书写形式相同，语音形式也完全相同，因而既是同形词又是同音词。

同形词现象不仅在汉语中存在，在以其他文字记录的语言中同样存在，我们所熟悉的英文字母的缩写形式也存在着同形词的问题，如 LG 可以是一家韩国公司的名称，也可以是低于地表之下的意思。博客“唐师曾：一个人的远行”2009 年 2 月 6 日刊出文章《伦敦 CCTV 的标准含义》，指出 CCTV 在英语中是 closed－circuit television 的简缩，意为“闭路电视”，而在中国，CCTV 却是家喻户晓的一个机构简称——中央电视台。

同形字的现象较为常见。同形词词长愈长，其同形的几率也愈低。同形词词长最长的大概就是四字格的“难（nán）兄难（nán）弟”和“难（nàn）兄难（nàn）弟”。

# 后　记

邵敬敏先生去秋来函说他将主编一套《汉语趣说丛书》，邀约圈里几位朋友分头撰写，《汉语词汇趣说》这本就交由我来做。我感到惶恐，一是因为工作忙，更大的挑战在于我从未写过这类“趣说”性的文字。但前辈学者主动邀约，是对我的抬举和提挈，我不能以任何理由推辞。领受任务后，我几乎每周一至五都见缝插针地撰写文稿，周六至周日更独自一人找个地方躲清静，赶写稿子，半年多的时间就是这样度过的，一二百天过去了，遂有了这十万字的成稿。

比起人文科学的其他一些门类，语言学算得上是一门科学，或者说其多一些科学元素。但在个别人看来，语言学是一群爱较真的人对本无太大价值的问题从事研究的一门“学问”。这就形成了一个悖论：一方面，语言学虽不像天体物理学等科学那样高深，但它所研究的对象却与人们日常生活息息相关，且关系重大；另一方面，没阅读过语言学著作的大有人在，但其母语的听说能力和水平却未必低下，以致个别人认为语言学根本就是无用之学。语言和语言学并非一码事。能听会说一种语言，跟明白该种语言之所从来，明白该语言的构造，明白该语言不同于其他语言的所在，完全不是一码事，其间的差距不可以道里计。语言问题跟人们的日常生活如此贴近，说明人们关注语言问题是极为必要的；社会上的一些人对语言研究存在误解，这也表明语言学者还有大量工作要做，至少有增进大众对语言科学认识和了解的义务。

完成邵先生交办的任务后，我对拙稿给出一个评价：论说勉强及格，趣味严重不足。这不是客套，是大实话。邵先生编此套丛书的本意和目的，是要将深奥的语言学原理用通俗的笔触娓娓道来，以收深入浅出之效。将浅近的道理用深奥的语言把人说糊涂，是故意绕人的把戏；将深奥的道理用通俗的话语给人说明白，却是一门实在的功夫。我这十万字，很多地方还是板起面孔说教，寡趣鲜味，距邵先生要求甚远。恳望读者诸君阅后给我指教，好使我自己通过这本小书的撰写获得一个新的进步。

周 荐

2011 年 7 月 5 日